Manfred Karsch
Christian Rasch

Religionsunterricht mit Filmen

Sekundarstufe I

Vandenhoeck & Ruprecht

RUpraktisch sekundar

Bibliografische Information der Deutschen Nationalbibliothek

Die Deutsche Nationalbibliothek verzeichnet diese Publikation in der Deutschen Nationalbibliografie; detaillierte bibliografische Daten sind im Internet über http://dnb.d-nb.de abrufbar.

ISBN 978-3-525-61022-0

Printed in Germany.
Layout|Lithografie: weckner media+print GmbH, Göttingen
Druck und Bindung: Hubert&Co., Göttingen

Gedruckt auf alterungsbeständigem Papier.

Inhalt

I. Einleitung: Mit Filmen im Unterricht arbeiten

Unterricht mit Filmen ist spannend. Er hat das große Potenzial, wirklich guter Unterricht zu sein, denn er birgt immer die Chance, nicht nur Schülerinnen und Schülern, sondern auch Lehrerinnen und Lehrern Spaß zu machen. Wir leben in einer visuellen Zeit. Alles ist auf das Schauen ausgerichtet: „Video killed the radio star". Musik wird schon seit Jahren durch das Medium Video vermarktet, die Bildschnitte werden immer rasanter und auch die Schule sollte den Anschluss nicht verlieren. Die vornehmste Aufgabe eines angemessenen Medienunterrichts besteht darin, zu genauem Schauen zu erziehen und auf eine entschleunigte Gründlichkeit hinzuwirken. Dann hat Unterricht mit Filmen die Möglichkeit, grundlegend zu wirken. Bei aller persönlicher Freude im Umgang mit Filmen ist es uns wichtig festzuhalten, dass diese im Klassenzimmer nicht zum Zeitvertreib eingesetzt werden. Fernsehen kann man auch zu Hause. Wie bei jedem im Unterricht eingesetzten Medium, im Grunde sogar wie bei jeder Unterrichtsidee im Allgemeinen, erfordert der Einsatz von Filmen in besonderer Weise die persönliche Beantwortung der Frage nach der „didaktischen Klarheit", oder kurz: „Was will ich mit dem Film erreichen?" Als Anregung und Leitfaden seien dem Buch einige kritische Anmerkungen vorangestellt, die helfen sollen, die Untiefen der Medienwirklichkeit im RU auszuloten.

Das Klassenzimmer ist kein Kinosaal

Spätestens seit der empirischen Wende in der Religionspädagogik und dem Siegeszug des sogenannten problemorientierten Religionsunterrichts Mitte der siebziger Jahre des vergangenen Jahrhunderts, der die didaktische und methodische Mittelpunktstellung von Bibel, Katechismus und Gesangbuch endgültig in Frage stellte, ist die Verwendung von audiovisuellen Medien im Unterricht und damit des Mediums Film nicht mehr aus dem Medienrepertoire des Religionslehrers und der Religionslehrerin wegzudenken. Waren es zur damaligen Zeit oft noch 16mm-Filmprojektoren, dann zumeist noch schwergewichtige Videorecorder und Fernseher, die als technische Voraussetzungen das Medium Film in die Klassenzimmer brachten, sind es heute die kleinen handlichen Einheiten von Videorecordern, DVD-Playern, Notebooks und Beamern sowie vernetzte Unterrichtsräume mit W-LAN und Internetanschlüssen, die den Einsatzmöglichkeiten von Filmen kaum eine Grenze mehr setzen. Nicht selten waren es die Religionslehrkräfte im Schulkollegium, die zu den „Pionieren" der Verwendung dieser audio-visuellen Möglichkeiten wurden. Und damit verbindet sich für manchen älteren Kollegen im Rückblick die Karikatur des Religionslehrers der siebziger Jahre, den man in den Pausen nicht im Lehrerzimmer antraf, weil er wieder einmal seinen Rollwagen mit der wuchtigen Fernseher-Videorecorder-Einheit von einem Klassenzimmer ins nächste schleppte. Und mancher heute Vierzig- bis Fünfzigjährige äußert im Rückblick auf den als Schüler erlebten Religionsunterricht spontan: „Da haben wir immer Filme gesehen!" Dass dies heute manchmal nicht viel anders ist, zeigt die Erfahrung, dass Filme wie „Ben Hur" oder „Das Leben des Brian" immer noch zu den Lieblingsmedien gehören, die Religionslehrer in Vertretungsstunden einsetzen, und dass die Ausleihquote von Filmen in Spielfilmlänge kurz vor den Sommerferien in landeskirchlichen und kreiskirchlichen Mediotheken sprunghaft ansteigt.

Diese mit leicht ironischem Unterton formulierten Sätze stellen wir bewusst an den Beginn unseres Bandes mit Unterrichtsideen zum Einsatz von Filmen im Religionsunterricht. Sie weisen auf die Gefahren hin: sowohl auf eine drohende Medien- und Methodenmonotonie im Religionsunterricht als auch auf die „Macht der Bilder", die dem Medium Film selbst entspringt. Das Klassenzimmer ist kein Kinosaal! Diese Einsicht steht einem Einsatz von Filmen im Religionsunterricht voran und möchte in ihren didaktischen und methodischen Konsequenzen wohl bedacht sein.

Der Film lebt im Kinosaal

Der Geburts- und Lebensort des Films ist das Kino! Keiner der in diesem Band verwendeten Filme ist zunächst zu dem Zweck produziert worden, dass er im schulischen Unterricht, noch dazu im Religionsunterricht gezeigt werden sollte. Selbst der kleinste Kurzfilm hat seinen Ort zunächst als Vorfilm im Kino. Von diesem Ursprung her sind es Medien der populären Kultur. Das unterscheidet sie vom klassischen Lehrfilm oder Dokumentarfilm für den schulischen Gebrauch. Das Medium Film spielt vielmehr mit der Verführung und Entführung in eine virtuelle Welt, die den Zuschauer als ganze Person – audio-visuell, d.h. mit Augen und Ohren – in den Bann zieht und zum Komplizen eines Geschehens oder einer Geschichte macht, die erst mit dem Nachspann und dem Wiederaufflammen der Kinobeleuchtung ihr Ende findet. Der Film – welchen Genres und welcher Spieldauer auch immer – fordert vom Zuschauer eine solche „passive Aktivität", die nicht einmal dem herkömmlichen Frontalunterricht in der Schule zu Eigen ist, der den Schüler zumindest in die einseitige Kommunikation von Frage und Antwort hinein nimmt und damit reaktive Kreativität einfordert. Die „mediale Gewalt" des Films fordert demgegenüber vom Zuschauer bedingungslose Unterordnung, wenn nicht sogar Verschmelzung zwischen Film und Zuschauer, und macht ihn damit zum Teil des Geschehens auf der Leinwand. Nicht selten werden Filme nach dem Kinobesuch gerade deshalb negativ beurteilt, weil ihnen eine solche Verschmelzung nicht gelungen ist und der Weg in die präsentierte virtuelle Welt, in die Imagination der erzählten und gespielten Geschichte auf der Leinwand nicht gelingen konnte.

Das Kino ist deshalb nicht der genuine Ort für Lernprozesse, die auf Veränderung von Verhalten, Einstellungen und Haltungen zielen. Es ist vielmehr eine Oase der Rekreation, der Muße und nicht zuletzt der Animation. Hauptziel des Films im Kino ist es, zu unterhalten, auch wenn er sich provokativ und anstößig verhält, gängige Verhaltensweisen in Frage stellt und gesellschaftliche, soziale, politische und nicht zuletzt religiöse Konfliktthemen aufgreift. Auch wenn der populäre Film oder Kurzfilm „nachdenklich" stimmen will, ist er im Kino zunächst ein Bildungsmedium, das vom Zuschauer Rezeption erwartet und erst dann – im Anschluss an das Kinoerlebnis – die Diskussion über den Film. Im Kino fehlt diesem Bildungsmedium zunächst das Motiv des für den modernen Bildungsbegriff bedeutenden Aspekts der Selbsttätigkeit des sich Bildenden.

Der Film im Kino fordert vom Zuschauer ganz andere Fähigkeiten, Fertigkeiten und Verhaltensweisen, als es üblicherweise der schulische Unterricht von seinen Schülerinnen und Schülern erwartet und fordert. Die dem Film eigentümliche Sozialform ist das nicht miteinander kommunizierende Plenum, wenn nicht sogar die schweigende Masse, die sich höchstens durch verbale und nonverbale Gefühlsregungen am Geschehen auf der Leinwand beteiligen darf, seine Bearbeitungsmethode ist das Betrachten. Die Kreativität kooperativer Lernmethoden, die zu den Errungenschaften der Unterrichtsentwicklung der letzten Jahre zählt, ist dem Film im Kino fremd. So wie das Klassenzimmer kein Kinosaal ist, so kann das Kino nicht zum Klassenzimmer werden. Auch diese Umkehrung des Satzes gilt es zu bedenken, damit nicht Jahrgänge von Schülerinnen und Schülern – wie beim letzten Lutherfilm geschehen – klassenweise ins Kino geschickt werden in der Annahme, mit diesem Weg ins Kino könnte nun auf die Behandlung dieses Themas im schulischen Unterricht verzichtet werden.

Der Film geht in die Schule

Für den Film bedeutet seine Verwendung im Unterricht der Schule die Migration an einen ihm zunächst fremden Lebensort. Die beherrschende Rolle, die er im Kino gegenüber dem Zuschauer spielt, wechselt in eine den Intentionen des Unterrichtenden dienende Funktion. Der Film wird zum Arbeitsmittel im Prozess des Unterrichtens. Er ist Hilfsmittel für die Intentionen des Unterrichtenden und damit der Interdependenz von Medien, Methoden und Sozialformen bedingungslos ausgeliefert. Der Film unterliegt am Lernort Schule dem Schicksal, im Unterricht analysiert, in Sequenzen eingeteilt, in Standbildern eingefroren, fragmentiert, reflektiert und kritisiert zu werden. Der Unterrichtende wie die Schülerinnen und Schüler wenden damit dem Medium Film gegenüber zunächst ihm fremde Methoden an und gruppieren sich um ihn – untereinander kommunizierend in Sozialformen, die seinem ursprünglichen Wesen und Verwendungszweck fremd sind. Der Verschmelzungsprozess zwischen

Film und Zuschauer, der dem Film im Kino eigentümlich ist, wird im Unterrichtsprozess gerade vermieden oder immer wieder rückgängig gemacht und in Frage gestellt. Der Schüler und die Schülerin sollen aufgefordert sein, sich von dem dargebotenen Medium zu distanzieren, den Film und die in ihm zur Sprache und ins Bild gesetzten Fragen, Antworten und Themenstellungen in Frage zu stellen und sich ihm selbsttätig bildend zu nähern, indem sie sich der „Gewalt der Bilder" entziehen.

Der Film als Medium religiöser Weltdeutung

Die bisherigen Ausführungen erwecken den Eindruck, als solle vor dem Einsatz des Mediums Film im schulischen Religionsunterricht gewarnt werden. Tatsächlich entwickelt jedes Medium eine ihm inhärente Eigendynamik, die den oft wohlgemeinten Intentionen des Unterrichtenden zuwider laufen können. Die oben beschriebene Karikatur des Filme zeigenden Religionslehrers der siebziger Jahre ist dieser Eigendynamik vermutlich erlegen. Die Faszination der „Wunderwaffe Film" hat bei ihm überhand genommen. In gleicher Weise müsste heute vermutlich vor dem unsachgemäßen Gebrauch des Internets im Unterricht und den scheinbar grenzenlosen Möglichkeiten eines sogenannten e-learning oder e-teaching gewarnt werden. Jedenfalls: Die Darbietung eines Films im Unterricht ersetzt das Unterrichten nicht!

Dazu kommt die weitere Schwierigkeit, dass Schülerinnen und Schüler ebenso wie der Unterrichtende dazu angehalten sind, an ein ihnen aus ihrer Lebenswelt bekanntes Medium der Populärkultur mit anderen Verhaltensweisen heranzugehen, als sie es vom Primärort Kino oder dem häuslichen Fernsehgerät gewöhnt sind. Nicht selten ist mit Widerständen auf Seiten der Schülerinnen und Schüler zu rechnen, wenn der Unterrichtende zum Beispiel einen Film in Sequenzen zeigt, vielleicht auch etwas weglässt oder das Geschehen auf der Leinwand an einer bestimmten Stelle zu einem Standbild einfriert und zur kritischen Reflexion des Gesehenen herausfordert, während die Schülerinnen und Schüler – entsprechend dem Verhalten von Kinobesuchern – den Film gern zu Ende sehen wollen.

Der Film gehört als ein wichtiger Teil in das möglichst große Medien- und Methodenrepertoire des Unterrichtenden und will jederzeit darauf hin geprüft und gefragt werden, ob es das für die Intentionen des Unterrichtenden geeignete Medium ist. Unter dieser Maßgabe erweisen sich Filme als geeignete Medien in den Lern- und Bildungsprozessen, die der Religionsunterricht initiieren kann, sodass er seinen „Beitrag zur persönlichen religiösen Orientierung und Bildung"[1] in einer Schule leistet, deren Weg zur Allgemeinbildung in der „Orientierung in der Welt, der Bewältigung der Zukunftsaufgaben und der Vergewisserung über die eigene Identität"[2] liegt. Religionsunterricht hat es dabei mit jenen Fragen des Menschen zu tun, in denen es um seine Existenz, um den Sinn des Lebens, um die Erfahrung der Endlichkeit des Menschen, um seine Verantwortlichkeit im Kontext zwischenmenschlichen Zusammenlebens, um seine Weltverantwortung und nicht zuletzt um die Frage nach Gott geht. Religion nimmt die Welt unter einer Perspektive wahr, die der gängigen Säkularisierungsthese widerspricht: „In religiösen Bildungsprozessen wird die Welt beobachtet, *etsi deus daretur,* und zugleich gezeigt, wie sich unter dieser Beobachtungsperspektive die Welt neu konfiguriert."[3] Ein solcher deutungstheoretischer Begriff von Religion wird dann gerade Phänomene und Äußerungen gegenwärtiger populärer Kultur, zu denen der Film gehört, in den Focus nehmen, da sich aus ihnen Aspekte gegenwärtigen Weltverstehens ergeben. Filme aller Genres sind dabei als provokante Art der Auseinandersetzung mit Sinn-, Zeit- und Lebensfragen zu verstehen, die üblicherweise im Horizont religiöser Weltzugänge thematisiert werden. Abgesehen von den beiden Filmen in Spielfilmlänge (Miracle Maker, Luther), die spezifische Themen und Ereignisse der biblisch-christlichen Tradition

1 Identität und Verständigung, Standort und Perspektiven des Religionsunterrichts in der Pluralität – Eine Denkschrift der Evangelischen Kirche in Deutschland, Gütersloh: Gütersloher Verlagshaus, 1994, S. 26

2 Ebd. S. 25

3 Bernhard Dressler, Unterscheidungen – Religion und Bildung, Forum Theologische Literaturzeitung 18/19, Leipzig: Evangelische Verlagsanstalt, 2006, S. 135

und Kirchengeschichte aufgreifen, wurden deshalb in den folgenden Unterrichtssequenzen Filme gewählt, die im Horizont religiöser Weltdeutung Sinn-, Zeit- und Lebensfragen aufgreifen. Der Unterrichtende erweist sich in den damit initiierten religiösen Bildungsprozessen als Mediator einer kritischen, nicht-affirmativen Kulturhermeneutik. Er gleicht damit dem Apostel Philippus, der dem Kämmerer aus Äthiopien auf dem Weg von Jerusalem nach Gaza (Apg 8) die Schriftrolle des Propheten Jesaja auslegt, ihm damit aber nicht nur zum Verstehen des Textes verhilft, sondern – wie sein anschließendes Taufbegehren zeigt – ihm auch zu einem neuen Verständnis seiner selbst, zu der ihm nunmehr eigenen christlichen Identität verhilft: „Er zog aber seine Straße fröhlich“ (Lk 8,39). Nun aber geht es nicht mehr auf dem Weg einer affirmativen Texthermeneutik – „Ich sage dir, wie du es verstehen musst!“ – sondern auf dem Weg einer Hermeneutik, die zwischen Rekonstruktion und Applikation oszilliert. Dabei wird der Film manchmal auch zu einem Medium, das Antwort auf eine Frage gibt, die sich dem Regisseur bei der Produktion seines Films gar nicht stellte. Die Verwendung im Religionsunterricht mutet dem Film zu, offen zu sein für unterschiedliche Wahrnehmungen und Interpretationen. Aus dem „Verstehst du auch, was du da siehst?“ wird deshalb bei der Verwendung von Filmen im Religionsunterricht immer auch die Frage: „Verstehst du dich selbst, in dem, was du da siehst?“ entstehen. Die Beschäftigung mit Filmen wird damit Impuls und Anleitung zu einem kritischen Selbstverständnis der Schülerinnen und Schüler im religiösen Bildungsprozess.

Der Film als Medium in Religionsunterricht

Die für Jugendliche interessanten Filme sind häufig jene mit den schnellen Schnitten, den nur wenige Sekunden, manchmal nur Bruchteile einer Sekunden dauernden Einzelszenen und Einstellungen, wie sie den gängigen Videoclips eigen sind. Der Film provoziert und produziert damit den Verlust der Aufmerksamkeit, verbietet es, genau hinzusehen, und verleitet zu einer unreflektierten Wahrnehmung und vergesslichen Schnelligkeit. Die Verwendung im Religionsunterricht wird diesem Weg nicht folgen können. Die in den folgenden Unterrichtsbausteinen verwendeten Methoden stehen deshalb unter dem Vorzeichen der „Entdeckung der Langsamkeit“. Sie möchten zu einer Kultur des Sehens und zur kritischen Reflexion des im Film Wahrgenommenen anleiten. So wie eine Bildbetrachtung über das bloße Hinsehen hinauskommen will, den Blick auf die Einzelheiten, den Bildausschnitt lenkt und damit andere Aspekte überdeckt und abdeckt, wird die Arbeit mit Filmen der Schnelligkeit und damit Oberflächlichkeit des bloßen Hinsehens entgegentreten. Grundlegende, immer wiederkehrende Methode ist deshalb die Möglichkeit, einen Film in Sequenzen zu zerteilen, ihm damit einzelne Themen und Schwerpunkte zu zuordnen und diese in Standbildern einzufrieren. Beobachtungsaufgaben, die vor der Darbietung einer Filmsequenz stehen, ermöglichen ebenso wie das mehrfache Wiederholen einer Filmszene oder die Zeitlupe das entdeckende Sehen in Langsamkeit. Arbeitsaufträge, unterstützt durch Arbeitsblätter und Folien, ermöglichen den Schülerinnen und Schülern, sich auf Einzelheiten dargestellter Sachverhalte, zwischenmenschlicher Probleme, einzelner Sätze und Situationen zu konzentrieren, mit und gegen den Duktus des Filmgeschehens zu denken, Alternativen für die Fortsetzung zu entwickeln und darzustellen und dabei selbst gängige Verhaltensmuster und Werte in Frage zu stellen, sich mit Fragen und Antworten im Horizont religiöser Weltdeutung konfrontiert zu sehen und schließlich selbstständig Schritte der Lebensdeutung zu vollziehen. Zwischen die Darstellung von Filmsequenzen tritt also immer wieder das gesamte Repertoire der Methoden und Sozialformen, die zu einem kooperativen Lernen und damit zu Selbsttätigkeit im eigenen Bildungsprozess veranlassen.

Einige technische Ratschläge

Die in den Unterrichtssequenzen verwendeten Kurzfilme und Spielfilme liegen als VHS-Videokassette und/oder DVD vor. Es bleibt der technischen Ausstattung des jeweiligen Einsatzortes vorbehalten, welches Format am sinnvollsten erscheint. Wenn möglich ist der Einsatz einer DVD zu empfehlen. Bewährt hat sich für uns die Verwendung der DVD im Notebook mit Hilfe eines gängigen Software-DVD-Players. Der Unterrichtende kann damit bereits vor dem Unterricht sogenannte Lesezeichen erzeugen, um bequem einzelne Sequenzen punktgenau anzusteuern oder zu vorher ausgewählten Einzelbildern vor- und zurückzuspringen. Ob für die Präsentation das herkömmliche Fernsehgerät oder ein Beamer eingesetzt wird, entscheidet sich zumeist von den räumlichen Voraussetzungen des Klassenzimmers. Die für sonnendurchflutete Klassenzimmer notwendige Verdunkelung bei Beamerprojektion lässt Schülerinnen und Schüler nicht selten in die gerade nicht erwünschte Haltung eines Kinobesuchers fallen.

Besonders möchten wir darauf hinweisen, dass für die Darbietung der verwendeten Filme die Rechte für die öffentliche, nichtgewerbliche Vorführung vorliegen müssen. Diese Rechte erwirbt man in der Regel dadurch, dass man die Filme bei den kreiskirchlichen, landeskirchlichen oder kommunalen Mediotheken entleiht, die VHS-Kassetten und DVDs für diesen Zweck vorhalten. Für die Darbietung im Unterricht sind die Vorgaben der freiwilligen Selbstkontrolle der Filmwirtschaft (FSK) einzuhalten.

Wir bedanken uns bei dem FWU Institut für Film und Bild (www.fwu.de), dem Matthias-Film (www.matthias-film.de) und dem katholischen Filmwerk (www.filmwerk.de) für Rechte zum Abdruck von Standfotos aus den im jeweiligen Verleih befindlichen Filmen.

Besonders danken wir den Schülerinnen und Schülern des Freiherr-vom-Stein-Gymnasiums in Bünde/Westfalen, in deren Religionsunterricht die meisten der vorgestellten Unterrichtssequenzen erprobt werden konnten, und den Religionslehrerinnen und Religionslehrern, die in zahlreichen Fortbildungsveranstaltungen die Unterrichtsbausteine gesichtet haben und mit ihrem Feedback für die Unterrichtstauglichkeit der Materialien gesorgt haben. Natürlich sind wir auch an dem Feedback derjenigen Lehrerinnen und Lehrer interessiert, die die Materialien dieses Bandes in ihrem eigenen Unterricht einsetzen. Für Ergänzungen, Veränderungsvorschläge und alle anderen Formen sachlicher Kritik sind wir über die Internetseite www.schulreferat-herford.de zu erreichen.

Diesen Band möchten wir besonders unserer gemeinsamen religionspädagogischen Wegbegleiterin und Lehrerin Dr. Ursula Früchtel widmen, die uns als Dozentin am Pädagogischen Institut der Evangelischen Kirche von Westfalen in Villigst/Schwerte seit der Vikarsausbildung die Kleinschrittigkeit im religionspädagogischen Denken und Handeln gelehrt hat und noch heute unsere religionspädagogischen Wege mit dem ihr eigenen kritischen Blick und Kommentar begleitet.

Herford, im Februar 2007

Manfred Karsch
Christian Rasch

II. Unterrichtsprojekte

5./6. Klasse

Miracle Maker

Mit einem Jesusfilm Umwelt und Leben Jesu entdecken

Einleitung

Das Thema

Zu den Kompetenzen, die der Religionsunterricht vermitteln soll, gehört neben einem sicheren Umgang mit der Bibel die Kenntnis grundlegender Fakten zum Leben Jesu, seiner Umwelt und der Personen- und Personengruppen im Israel seiner Zeit. Dazu gehört auch die Kenntnis wichtiger Geschichten von und mit Jesus aus den Evangelien. Konnte der Religionsunterricht früher an Erfahrungen und Lernergebnisse familiärer und kirchlicher Sozialisation sowie dem Religionsunterricht der Grundschule zurückgreifen, so muss gegenwärtig solches Faktenwissen oft vollständig neu erarbeitet werden.

Fundamental ist dieses Faktenwissen insofern, als es als Instrumentarium für die hermeneutische Reflexion biblischer Texte in künftigen Lernprozessen dient. Wo ein solches Instrumentarium fehlt, bleiben Fehlinterpretationen biblischer Texte nicht aus. Didaktisch und methodisch erweist sich die Erarbeitung solchen Faktenwissens als ein schwieriger Prozess, weil der Religionsunterricht damit schnell den Charakter von biblischer Sachkunde erhält, die nicht nur Schülerinnen und Schüler, sondern auch Unterrichtende langweilen kann. Schülerinnen und Schüler sollten deshalb erfahren können, dass die Aneignung biblischen Faktenwissens keine Anhäufung unbrauchbaren Wissens darstellt, sondern ihnen hilft, ihre gegenwärtigen und künftigen Fragen an die biblisch-christliche Überlieferung zu beantworten.

In der lebensgeschichtlichen Phase des erwachenden historischen Bewusstseins reicht die Fragenpalette der Schülerinnen und Schüler im Hinblick auf Jesus von der Frage nach dessen historischer Existenz („Hat es diesen Jesus wirklich gegeben?") bis zu der Frage nach den Umständen und Gründen seines Todes („Warum musste Jesus sterben?"). Gerade in den Kontext der letzten Frage kann die Erarbeitung fundamentalen Faktenwissens zu Leben und Umwelt Jesu gestellt werden. Von Seiten der Theologie wird diese Frage nach den Umständen und Gründen der Kreuzigung Jesu gegenwärtig so beantwortet:

> Der Tod Jesu ist die Folge von Spannungen zwischen einem vom Lande kommenden Charismatiker und einer städtischen Elite, zwischen einer jüdischen Erneuerungsbewegung und römischer Fremdherrschaft, zwischen dem Verkündiger kosmischen Wandels, der auch den Tempel verwandeln sollte, und den Vertretern des status quo. Religiöse und politische Gründe lassen sich nicht auseinander halten: Jesus wollte zwar nicht mit Hilfe seiner Jünger die Herrschaft an sich reißen. Aber er verkündigte eine bald hereinbrechende ‚Herrschaft Gottes', in der die Ersten die Letzten und die Letzten die Ersten sein würden. Gott werde sie wunderbar herbeiführen. Er und seine Jünger würden in ihr Israel regieren (Lk 22, 38-30 par.). Für eine Regierung der Tempelaristokratie und der Römer war kein Platz.

Theißen/Merz, Der historische Jesus – Ein Lehrbuch, Göttingen: Vandenhoeck und Ruprecht, 32001, S.408

Ausgehend von diesem wissenschaftlichen Sachstand verfolgen die folgenden Unterrichtsequenzen den *didaktischen Leitgedanken,* das gesellschaftliche, politische, soziale und religiöse Spannungsfeld nachzuzeichnen, in dem Jesus lebte und das ihn dann zum „Opfer" – nicht im Sinne einer theologischen Interpretation, sondern als Folge divergierender Interessen – werden ließ. Als Leitmedium in diesen Unterrichtsequenzen dient der Film *Miracle Maker – Der Mann der 1000 Wunder,* ein aufwendig gestalteter Film in Spielfilmlänge (113 min) in „3D-Model-Animation".

Das Medium: Der Film Miracle Maker

Die Geschichte Jesu wird in diesem Film vom Beginn seiner Wirksamkeit an mit der Taufe durch Johannes den Täufer bis zu seiner Auferstehung dargestellt, in Rückblenden – die dann filmtechnisch ins „2D-Zeichentrick-Format" wechseln – greift der Film auf die Geburtsgeschichte nach Matthäus und die Kindheitsgeschichte nach Lukas zurück. Die Filmhandlung folgt damit nicht exklusiv einem der vier Evangelien, sondern wirkt als Evangelienharmonie durch die Darstellung einer Vielzahl von Perikopen der Evangelien.

In der Filmhandlung steht nicht die Person Jesu allein im Vordergrund, vielmehr werden weite Teile des Films aus der Perspektive der Tochter des Jairus (Lk 8,40–56par) dargestellt, die im Film den Namen Tamar erhält.

Der Film erweist sich gerade deshalb als *geeignetes Medium,* weil er sich mit Interpretationen weitgehend zurückhält – auch wenn dies der Titel vermuten lässt –, vielmehr die Vertreter und Vertreterinnen unterschiedlicher jüdischer und römischer Gruppen und Kreise in der Begegnung mit Jesus von Nazareth darstellt und zu Wort kommen lässt. Damit stellt der Film gerade jenen oben beschriebenen wissenschaftlichen Sachstand nach, der durch Arbeitsblätter und Arbeitsaufträge vertieft werden kann.

Die Gestalt der Tamar erweist sich dabei für den Zuschauer als die eigentliche Führerin durch die Lebenswelt Jesu und Interpretin des Geschehens. Sie ist damit Identifikationsfigur für die Schülerinnen und Schüler. Dies wird methodisch vor allem in den Arbeitsblättern realisiert, die zusätzliche Informationen und Bearbeitungshinweise anbieten. *Methodische Grundidee* ist es, den Film nicht als Ganzen zu zeigen, sondern jeweils Sequenzen des Films mit Erarbeitungsphasen zu verknüpfen.

Die Unterrichtssequenzen eignen sich für den Einsatz ab Klassenstufe 5. Die Freigabe des Films erfolgt ab 6 Jahren gemäß §14 JuSchG FSK.

Materialien

- Miracle Maker – Der Mann der 1000 Wunder, Matthias-Film, 2004 (Die Hinweise in den Unterrichtssequenzen beziehen sich auf die Kapiteleinteilungen der DVD.)
- Lutherbibel
- Eine Wandkarte oder OHP-Folien zur Topografie und politischen Situation Israels zur Zeit Jesu (z.B. Wolfgang Zwickel, Bibelatlas, Stuttgart: Calwer Verlag, 2005) sowie ein Grundriss und/oder 3D-Animation Jerusalems zur Zeit Jesu
- Arbeitsblätter **M1–M14**
- Szenenbilder aus dem Film: Der/die Unterrichtende sollte sich einen Satz Szenenbilder aus dem Film anfertigen. Szenenbilder lassen sich z.B. mit Hilfe der Snapshot-Funktion eines DVD-Players für den PC erstellen.

Der Film im Unterricht

1. Wie Menschen zur Zeit Jesu leben

Filmbeschreibung

Kapitel 1 des Films stellt dem Zuschauer die wichtigsten Figuren des Films vor: Jesus, Jairus – ein Synagogenvorsteher, Tamar – dessen Tochter, Kleopas – ein Freund des Jairus (mit späterem Bezug auf die Emmausgeschichte von Lk 24), Maria Magdalena. Während des Vorspanns mit dem Text *Sepphoris im Jahre 90 der römischen Besatzung* treffen Jairus und seine Tochter Tamar in Sepphoris ein und werden von Kleopas empfangen. Während Jairus von der unheilbaren Krankheit seiner Tochter beim Arzt erfährt, beobachtet Tamar den Zimmermann Jesus, der sich um die geistig verwirrte Maria Magdalena kümmert. Der Zuschauer erfährt, dass Jesus als Zimmermann arbeitet und seine Arbeitsstätte verlässt, um eine neue Arbeit aufzunehmen.

Didaktischer Leitgedanke

Die erste Unterrichtssequenz verfolgt die Absicht, entsprechend der Dramaturgie des Films in das Unterrichtsprojekt einzuführen. Die ersten Minuten des Films dienen dementsprechend als Impuls zum Sammeln erster Eindrücke und Informationen. Am Ende dieser Unterrichtssequenz soll allen Schülerinnen und Schülern die Zielperspektive des Unterrichtsprojekts bekannt sein: „Wir lernen Stationen auf dem Lebensweg Jesu und Personen und Personengruppen, denen er begegnet ist, kennen."

Verlauf

L zeigt den Film (Kap.1/2 bis Minute 5:43: Jesus verlässt Sepphoris) als Impuls ohne besondere Einführung. Nach einer Spontanphase erfolgt ggf. eine zweite Vorführung mit konkreten Beobachtungsaufgaben:

> Wir lernen einige wichtige Personen kennen, die uns im Film immer wieder begegnen werden. Außerdem lernen wir eine Stadt und ihre Einwohner kennen. Achtet auf die Personen und darauf, was sie erleben.

Anschließend werden folgende Informationen erarbeitet:

- Die Schülerinnen und Schüler rekonstruieren mit Hilfe von **M1** erste Informationen zu den Personen und Ereignissen im ersten Filmabschnitt.
- Ein Tafelbild wird entsprechend **M1** mit Hilfe von Szenenbildern und Schüleräußerungen erstellt.
- Sepphoris wird auf der Landkarte auf der Umschlagseite der Bibel oder einer biblischen Wandkarte gesucht. Die Landkarte wird genauer betrachtet, ggf. weitere bekannte Städte und Dörfer entdeckt. L verweist auf Szenenbilder, auf denen Soldaten zu sehen sind.
- Die Erarbeitung von Informationen über „Israel zur Zeit Jesu" (**M2.1**) ergänzt Informationen zu Personen und Personengruppen und zur Geografie Palästinas.
- *Ergebnissicherung:* Die Schüler ergänzen **M1** entsprechend dem Tafelbild. Einzelheiten zur Geografie Palästinas werden auf **M2.2** eingetragen.

2. Was Menschen von Jesus erwarten

Filmbeschreibung

In Kapitel 2 (5:13–10:15) kehrt Jesus zu seiner Mutter Maria nach Nazareth zurück und berichtet von seinem Vorhaben, „eine andere Arbeit aufzunehmen". In zwei Rückblenden erinnert sich Maria an die Geschichte vom 12-jährigen Jesus im Tempel (Lk 2,31–52) und die Gaben der drei Weisen aus dem Morgenland (Mt 2,1–12). Johannes tauft am Jordan (Mt 3,1–12), Jesus lässt sich von ihm taufen (Mt 3,13–17).

In Kapitel 3 (10:16–17:46) geht Jesus in die Wüste, die Versuchungsgeschichte (Mt 4,1–11) wird als Vision (in 2D) dargestellt. Jesus trifft seinen Freund Lazarus, isst in dessen Haus bei Maria und Marta (Lk 10,38–42), er beginnt seine Tätigkeit als Prediger (versch. Jesusworte, Gleichnis vom Hausbau Mt 7,24–28 als 2D-Erzählung). Judas, der Zelot, verfolgt aus einer nahen Höhle die Predigt Jesu. Er fühlt sich von Jesu Botschaft angesprochen und folgt ihm. Zwei seiner ehemaligen zelotischen Freunde bleiben zurück.

Hinweis: Wenn im Film eine Erinnerung oder ein Traum dargestellt wird oder Jesus eine Geschichte erzählt, wechselt die 3D-Darstellung in eine 2D-Darstellung (Zeichentrickfilm!).

Didaktische Leitgedanken

Mit Maria, Johannes dem Täufer und Judas dem Zeloten werden dem Zuschauer exemplarisch erste Personen/Personengruppen vorgestellt, die den Erwartungshorizont „Messiashoffnung" und „Reich Gottes" thematisieren. Jesus wird diese Erwartungen aufgreifen. Die Unterrichtssequenz verfolgt die Absicht, diese Erwartungen anhand der im Film dargestellten Evangeliumstexte zu erarbeiten.

Verlauf

- L sagt:

> Am Ende des ersten Filmabschnitt sagt Jesus: „Ich werde eine andere Arbeit aufnehmen." Was er damit meint, erfahren wir im nächsten Filmabschnitt. Dort lernen wir drei Menschen kennen, die für Jesu Leben von entscheidender Bedeutung sind: Seine Mutter Maria, Johannes der Täufer und Judas.

- Szenenbilder der drei Personen werden an die Tafel geheftet, die Klasse wird in drei Gruppen einteilt, die je eine Person genau beobachten sollen. Beobachtungsaufgabe:

  Achtet genau darauf, welche Erwartungen die drei Personen jeweils an Jesus haben. Was soll er tun? Welche „Arbeit" soll er machen? Was sagt Jesus ihnen dazu?

- L schreibt die Namen der Personen unter die Szenenbilder.
- L verteilt die Arbeitsblätter **M3**, **M4**, **M5** je an eine der drei Gruppen.
- L zeigt Kapitel 2/3 des Films, anschließend arbeiten die Gruppen an ihren Arbeitsblättern (je nach Klassensituation in Einzelarbeit, Partner- oder Gruppenarbeit). Nach der Gruppenarbeit werden die Ergebnisse vorgetragen und zusammenfassende Sätze zu den Szenenbildern (Tafelbild) geschrieben.
- L leitet ein Unterrichtsgespräch ein: „Und Jesus – welche Hoffnungen macht er den Menschen?" Ggf. werden Sätze aus dem Film als Impulse benannt und/oder an die Tafel geschrieben:
  - Ich arbeite an Gottes Königreich im Himmel und auf Erden.
  - Bittet, so wird euch gegeben. Suchet, so werdet ihr finden.
  - Euer Vater im Himmel sehnt sich danach, euch schöne Geschenke zu machen.
  - Kommt zu mir, alle, die ihr durstig seid. Wen auch immer der Vater zu mir schickt, den werde ich nicht zurückweisen.
- *Ergebnissicherung:* Das Tafelbild wird auf Arbeitsblatt **M6** gesichert.

3. Wer für Jesus ist und wer gegen ihn

Filmbeschreibung

In Kapitel 4 (17:46–22:41) trifft Maria Magdalena auf eine Zollstation am See Genezareth, an der der Zöllner Matthäus Dienst tut. Sie wird dort von römischen Soldaten bedrängt. Die Fischer mit Simon Petrus treten ihr zur Seite. Jesus predigt vom Boot des Simon das Gleichnis vom Senfkorn (Mt 13,31–32 par) und das Mahnwort vom Schätzesammeln (Mt 6,19ff.) aus der Bergpredigt. Anschließend wird die Berufung des Petrus (Lk 5) dargestellt.

Im Kapitel 5 (22:42–26:53) trifft der Sadduzäer Asser ben Asra im Haus des Pharisäers Simon in Kapernaum ein, um einen Bericht über Jesus zu schreiben. Jesus erzählt währenddessen im Haus der Schwiegermutter des Petrus das Gleichnis vom Splitter im Auge und heilt den Gelähmten im Haus (Mk 2,1–12). Tamar und ihre Eltern beobachten die Ereignisse.

In den anschließenden Kapiteln 6–8 (26:53–38:12) treibt Jesus die Dämonen der Maria Magdalena aus, spielt auf einem Dorfplatz mit Kindern, er beruft seinen Jüngerkreis (Mt 10,1–4) sowie den Zöllner Matthäus (Mt 9,9–13). Die Eltern der Tamar und Kleopas überlegen währenddessen, ob sie Tamar zur Heilung zu Jesus bringen sollen. Der Pharisäer Simon lädt Jesus zu einem Mahl in sein Haus. Dabei salbt Maria Magdalena Jesus die Füße mit ihren Tränen (Lk 7,36–48). Jesus vergibt ihr die Sünden. Die Pharisäer sind darüber erbost und erklären jeden, der Jesus nachfolgt, „zum Feind Gottes". Jesus heilt die blutflüssige Frau und die Tochter des Jairus, Tamar (Mt 9,18–26).

Didaktischer Leitgedanke

Die Kapitel 4 bis 8 führen in das gesellschaftliche, soziale und religiöse Spannungsfeld ein, in dem sich Jesus bewegt. Exemplarisch werden Personen unterschiedlicher gesellschaftlicher und religiöser Gruppierungen in ihrem Verhalten gegenüber Jesus dargestellt. Wer sich zu Jesus hält, wird von anderen zum Feind Gottes erklärt. Die Unterrichtssequenz verfolgt die Absicht, dieses Spannungsfeld aufzeigen und die Informationen über die Gruppierungen zu vertiefen.

Verlauf

Die Erarbeitung der Kapitel 4 bis 8 erfolgt in zwei Phasen. L sagt:

> Im nächsten Filmabschnitt lernen wir einige weitere Personen kennen, mit denen es Jesus zu tun hatte. Wir wollen uns, bevor wir den Film ansehen, über sie informieren.

In Einzelarbeit, Partnerarbeit und im Plenum wird anhand des Arbeitsblattes **M7** die gesellschaftlich-religiöse Pyramide zur Zeit Jesu erarbeitet und mit heutigen gesellschaftlichen Schichtungen und persönlichen Einstellungen verglichen.

L führt in das Kapitel 4 des Films ein und hängt dazu zwei Szenenbilder an die Tafel entsprechend **M8.1** und **M8.2**:

> Im folgenden Teil des Films lernen wir zwei dieser Gruppen kennen: Zöllner und Fischer.

L zeigt den entsprechenden Filmabschnitt. Nach einem Gespräch über die Filmsequenz werden die Informationen über Zöllner und Fischer/Tagelöhner mit den Arbeitsblättern **M8.1** und **M8.2** vertieft und die Geschichte von der Berufung des Petrus (Lk 5) und die Begegnung Jesu mit dem Oberzöllner Zachäus (Lk 19) in der Bibel aufgesucht und gelesen. Dabei können zwei Aspekte wichtig sein:

- Der abschließende Vers Lk 5,11 wird in seiner Konsequenz für die soziale, finanzielle und religiöse Situation der Fischer und ihrer Familien bedacht: „Und sie brachten die Boote an Land und verließen alles und folgten ihm."
- Die Verse Lk 19,8ff. werden in ihrer Konsequenz für das weitere Leben, den Beruf und das gesellschaftliche, soziale und religiöse Ansehen des Oberzöllners Zachäus bedacht: „Auch er ist Abrahams Sohn!"

Die gemeinsame Lektüre von Lk 5,12–32 (Heilung des Gichtbrüchigen, Heilung des Gelähmten, Berufung des Levi) leitet zur Filmsequenz Kapitel 5 bis 7 über. Dabei werden alte und neue Personengruppen entdeckt: Behinderte, Kranke, Pharisäer, Schriftgelehrte und Levi (Matthäus) als Repräsentant der Zöllner.

Die Begriffe werden an die Tafel geschrieben.

Die vertiefenden Informationen über Menschen am Rande der Gesellschaft (**M9**) und Pharisäer und Sadduzäer (**M10**) erfolgt nach der Filmsequenz, in die L folgendermaßen einführt:

> Im nächsten Filmabschnitt lernen wir einen Pharisäer, einen Sadduzäer und einen Gelähmten kennen. Außerdem tauchen einige Personen auf, die wir bereits kennen. Beobachtet genau, wie sie sich gegenüber Jesus verhalten und Jesus ihnen gegenüber.

Personen aus dem Film werden mit den Begriffen an der Tafel in Verbindung gebracht, ggf. unterstützt durch entsprechende Szenenbilder. Beobachtungen aus dem Film und den Arbeitsblättern werden an der Tafel zusammengetragen.

Ergebnissicherung: Auf roten und grünen Sprechblasen ergänzen die Schülerinnen und Schüler den Halbsatz: „Ich mag Jesus, weil ..." bzw. „Ich bin gegen Jesus, weil ..." und hängen sie zu den entsprechenden Szenenbildern.

4. Was Menschen von Jesus in Jerusalem erwarten und befürchten

Filmbeschreibung

Mit Beginn von Kapitel 9 (38:12–41:22) erfährt Jesus, dass Herodes Johannes getötet hat (Mt14, 1–12). Nun hat Herodes auch Angst vor dem Wirken Jesu. Jesus bricht mit seinen Jüngern nach Jerusalem auf. Dabei erwartet Judas den gewaltsamen Anbruch des Reiches Gottes.

Währenddessen erhält Pontius Pilatus in Kapitel 10 (41:22–46:02) Verstärkung durch einen erfahrenen römischen Tribun, den er in die Sitte des Pessachfestes einweiht. Auf dem Weg nach Jerusalem entsteht ein Streit, wer der Größte im Reich Gottes ist. Jesus rät seinen Jüngern, so zu werden wie ein Kind (Mt 18,1ff.). Ein Pharisäer fragt, was er tun müsse, um ins Reich Gottes zu gelangen. Jesus antwortet mit der Geschichte vom barmherzigen Samaritaner (Lk 10).

Auf dem Weg erfährt Jesus vom Tod des Lazarus (Kapitel 11, 46:02–51:40). In einer Rückblende erzählt der Sadduzäer Ascher ben Asra dem Hohepriester Kaiphas von der Auferweckung des Lazarus (Joh 11). Beim Einzug Jesu in Jerusalem (Mt 21) erhofft Judas den Aufstand gegen die Römer, gerät aber in Zweifel: „Es bedarf mehr als frommer Gesänge, um die Römer loszuwerden." Der Hohepriester Kaiphas rät, Jesus an die Römer auszuliefern.

Didaktische Leitgedanken

Zum Verständnis der Umstände, die zu Jesu Kreuzigung führen, ist neben der Kenntnis der Personen und Personengruppen im damaligen Palästina das Wissen um die Bedeutung Jerusalems als religiöses Zentrum mit Tempelanlage und -betrieb wichtig. Dazu gehört auch die Bedeutung des Pessachfestes. Die Konflikte um Jesus spitzen sich dementsprechend in den Filmkapiteln 9 bis 12 auf dem Weg nach Jerusalem und im Tempel zu. Die folgende Unterrichtsequenz verfolgt die Absicht, die unterschiedlichen Erwartungen und Befürchtungen, die mit der Ankunft Jesu in Jerusalem verbunden sind, zu erarbeiten, und trägt damit weiter zu Klärung der Frage nach den Umständen und Ursachen des Todes Jesu bei.

Verlauf

L zeigt eine politische Karte Israels zur Zeit Jesu (Wandkarte oder OHP-Folie). Bisherige Kenntnisse der Orte und Regionen werden vergegenwärtigt. Mit Hilfe des Arbeitsblattes **M11** werden folgende Gesichtspunkte erarbeitet:

- Wo hat sich Jesus bisher aufgehalten?
- Jesus macht sich auf den Weg nach Jerusalem. Wie kommt er dorthin? Reisemöglichkeiten?
- Information über die Samaritaner
- Information über den Tempelkult und das Pessachfest als Wallfahrtfest

Die Ortskenntnis des damaligen Jerusalems (Tempel, Burg Antonia als Regierungssitz des Statthalters, Palast des Herodes) wird mit Hilfe einer 3D-Animation (OHP-Folie) erarbeitet. L leitet zur Filmsequenz über:

> Jesus zieht mit seinen Jüngern nach Jerusalem. Bis er dort ankommt, passieren viele wichtige und merkwürdige Dinge. Achtet vor allem darauf, was die Menschen von der Ankunft der Pilger und Jesus erwarten. Da ist vor allem: Pontius Pilatus, Herodes, der Hohepriester Kaiphas und Judas.

Die Bilder der Personen werden in einem Kreis an die Tafel geheftet. Nach der Präsentation der Filmsequenz Kapitel 9–11 und einer Spontanphase werden die folgenden Aussagen mit den Bildern an der Tafel in Beziehung gesetzt:

> *Herodes*
> Wenn ich es nicht schaffe,
> mein Volk zu regieren?
> Wenn Jesus weiter und weiter seine
> extravaganten magischen Tricks anwendet?
> Wo soll das enden?
>
> *Judas*
> Das ist der Augenblick, in dem das
> Himmelreich auf die Erde kommt.
> Wir werden endlich frei atmen können
> und unseren großen Sieg über die Römer
> feiern!
>
> *Kaiphas*
> Ihr wisst gar nichts!
> Ist es nicht klar, dass wir Caesars Zorn auf
> einen Mann richten könnten,
> auf diesen Magier aus Nazareth?
> Lasst einen Mann sterben und alle anderen
> werden gerettet!
>
> *Pontius Pilatus*
> Die abscheulichen Pilger aus dem Norden,
> das sind die Schlimmsten, die Galiläer!
> Die öffentliche Hinrichtung der Rebellen
> soll am Tag der Befreiung stattfinden,
> ausgezeichnet, Tribun!

Anschließend wird ein Bild der Kreuzigungsszene in den Bildkreis gehängt. L sagt:

> Diese Menschen haben Erwartungen daran und Befürchtungen davor, was Jesus in Jerusalem tun wird. Am Ende stirbt Jesus am Kreuz. Ergänzt auf Arbeitsblatt **M12** für jeden dieser Menschen den Satz: „Ich will, dass Jesus ..."

Ergebnissicherung: Die Ergebnisse werden im Plenum vorgestellt.

5. Warum Jesus sterben musste und was seine Auferweckung bedeutet

Filmbeschreibung

Mit dem Besuch des Tempels in Kapitel 12 (51:40–54:54) spitzt sich der Konflikt zu. Jesus stößt die Tische der Händler und Geldwechsler um (Mt 21,12ff.). Römische Soldaten marschieren auf. Ein Pharisäer fragt Jesus nach der Notwendigkeit, Steuern zu zahlen (Mt 22,15ff.). Jesus antwortet: „Gebt dem Kaiser, was dem Kaiser zusteht ...". Judas ist über diese Antwort verbittert.

Die Kapitel 13 bis 17 (54:54–74:43) stellen den Verlauf der Passionsgeschichte vom Abendmahl bis zur Grablegung dar und folgen – mit dem Verhör vor Herodes (Lk 23,6–12) – dem Verlauf des Lukasevangeliums.

Die Ereignisse um die Auffindung des leeren Grabes und die Auferstehungserfahrung stellen demgegenüber wieder ein Harmonie der Evangelien her. In Kapitel 18 (74:43–83:30) entdeckt Maria Magdalena das offene Grab (Joh 20,11ff.). Sie begegnet dem Auferstandenen. Sie erzählt es Petrus. Petrus läuft zum Grab. Er denkt, der Leichnam

Jesu sei gestohlen. Petrus sieht Jesus und berichtet davon den anderen Jüngern. Kleopas und Jairus erzählen ihr „Emmaus-Erlebnis“ (Lk 24,13ff.) als Rückblende, das Haus in Emmaus wird mit dem Haus des Jairus gleichgesetzt, Tamar erkennt Jesus. Thomas glaubt den Emmausjüngern nicht (Joh 20,24ff.), Jesus erscheint im Jüngerkreis, dann erfolgt der Tauf- und Missionsbefehl auf dem Berg (Mt 20, 18ff.). Das Schlusswort der Tamar lautet: „Das Reich Gottes ist gekommen und er wird immer unter uns sein!“

Didaktische Grundideen

Die Kenntnis der Passionsgeschichte Jesu und die Fähigkeit, Deutungen der Passionsgeschichte Jesu zu reflektieren, gehören zu den Kernkompetenzen christlichen Glaubens. Für diese wird mit den folgenden Filmsequenzen ein Grundstein gelegt. Dabei gilt es zu beachten, dass theologische Interpretation der Passion Jesu vor dem Hintergrund historisch verifizierbarer Fakten geschehen muss, gleichzeitig aber die Darstellung der Passion Jesu in den Evangelien immer schon theologische Interpretation ist. Einseitige, vor allem antijudaistische Deutungen sollten ebenso kritisch betrachtet werden wie auch fundamentalistische Deutungen, die mit dem Sühnopfergedanken ein Gottesbild transportieren, das dem Gottesbild Jesu nicht entspricht.

Das Schlusswort der Tamar ist dementsprechend eigene theologische Interpretation des Films, die nicht die Schuld an der Passion Jesu in den Mittelpunkt rückt, sondern Passion und Auferstehung als Zeichen der bleibenden Gegenwart Jesu Christi im Anbruch des Reiches Gottes deutet.

Die folgende Unterrichtssequenz verfolgt deshalb neben dem Ziel, Kenntnisse über die Passionsdarstellung der Evangelien zu vermitteln, die Absicht, die vorsichtige Deutung des Films, der Jesu Tod im Spannungsfeld eines Interessenkonflikts unterschiedlicher gesellschaftlicher und religiöser Gruppierungen darstellt, weiter zu vertiefen und die Schlussworte der Tamar abschließend als eine Möglichkeit theologischer Deutung zu diskutieren.

Verlauf

Vor der Präsentation der Filmkapitel 12 bis 17 erteilt L einen Beobachtungsauftrag:

> Den vorletzten Teil des Films wollen wir in einem Stück sehen. Darin wird der Weg Jesu von der Ankunft in Jerusalem bis zu seinem Tod dargestellt. Eure Aufgabe im Anschluss an das Betrachten des Films wird es sein, in Kleingruppen den Ablauf dieses Filmabschnitts mit Hilfe eines Bilder-Dominos zusammenzustellen.

Nach der Präsentation der Filmkapitel wird der Ablauf der Passion Jesu zunächst mit den Bilder-Dominos und Textbausteinen (**M13.1** bis **M13.4**) in Kleingruppen rekonstruiert. Die Ergebnisse werden ggf. mit großen Dominos an der Tafel gesichert. Arbeitsblatt **M14** ergänzt Informationen zur Kreuzigung und Grablegung und leitet mit der Beobachtungsaufgabe zur Präsentation von Filmkapitel 18 über. Das Schlusswort der Tamar wird entdeckt und an die Tafel geschrieben.

Ergebnissicherung für die gesamte Unterrichtseinheit:

- Verfassen von Briefen an Tamar in Kleingruppen;
- Partner- oder Einzelarbeit, in denen sie ihre Erfahrungen und Eindrücke mit dem Film beschreiben;
- Erstellen von Plakaten mit Szenenbildern für Schaukästen der Schule oder Stellwände.

M1 Menschen in Sepphoris - eine Stadt zur Zeit Jesu

In der Stadt Sepphoris hast du zu Beginn des Films viele Menschen kennengelernt. Einige von ihnen siehst du hier. Schreibe Legenden zu den Bildern: Name, Beruf – und was dir sonst noch wichtig scheint.

Israel zur Zeit Jesu

M2.1

Hallo, mein Name ist Tamar. Im Film habt ihr mich bereits kennen gelernt. Ich wohne in Israel, werde in einigen Monaten 12 Jahre alt und habe gerade Jesus aus Nazareth kennen gelernt.
Mit ihm werde ich einige Abenteuer erleben und ihr mit mir. Damit ihr meine und Jesu Welt besser versteht, erzähle ich euch immer wieder etwas über mich und das Leben meiner Mitmenschen.

Zu meiner Zeit – das ist so um das Jahr 30 eurer Zeitrechnung - gehört mein Heimatland Israel zum römischen Reich, das sich über den gesamten Mittelmeerraum erstreckte. Möglich ist dieses Weltreich durch die römischen *Soldaten*, die die fremden Gebiete erobert haben.

Die Römer haben viele Soldaten, die in Legionen eingeteilt sind. Der Vorsteher einer kleinen Abteilung heißt *Centurio*. Die meisten Menschen in unserem Land mögen die Römer nicht, aber davon erzähle ich später mehr.

Regiert wird das große Reich von einem richtigen *Kaiser*. Die Römer nennen ihn *Caesar*.
Er wohnt in **Rom in Italien.** Er hält sich für so wichtig, dass er sogar behauptet: „Ich bin Gottes Sohn!" Wir Juden in Israel glauben das aber nicht. Der erste römische Kaiser war Augustus, sein Nachfolger heißt *Tiberius* (14 n.Chr. bis 37 n.Chr.). In dieser Zeit, in der Tiberius regierte, leben Jesus und ich.

Ich wohne übrigens im Norden Israels, am **See Genezareth.** Durch unser Land fließt der **Jordan** von Norden nach Süden. Zwei große Seen bildet er, den See Genezareth im Norden und **das Tote Meer** im Süden. Am See Genezareth liegt auch die kleine Stadt **Kapernaum**, in der sich Jesus oft aufgehalten hat. Unsere Hauptstadt heißt **Jerusalem** und liegt im Süden unseres Landes.

Damit die Römer ihr großes Reich regieren können, haben sie es in Provinzen eingeteilt. Dort regieren *Statthalter*. Israel wurde im Jahr 63 v.Chr. von den Römern erobert. Israel wurde von den Römern in mehrere Provinzen eingeteilt. Der südliche Teil heißt **Judäa.** Zur Zeit ist dort *Pontius Pilatus* Statthalter.

Im nördlichen Teil, zu dem auch meine Heimat **Galiläa** gehört, haben die Römer einen König eingesetzt. Er heißt *Herodes*. Er machte die Stadt **Sepphoris** in der Nähe von **Nazareth,** dem Heimatort Jesu, zur Hauptstadt seiner Provinz.

Was ihr mit diesen Informationen machen könnt?

Besorgt euch weitere Informationen aus Sachbüchern, Reiseführern, Internet.

Bereitet in Gruppen Quizfragen vor – z.B. Mädchen gegen Jungen:
Wer kennt sich aus in Jesu Land?

M2.2 Israel zur Zeit Jesu

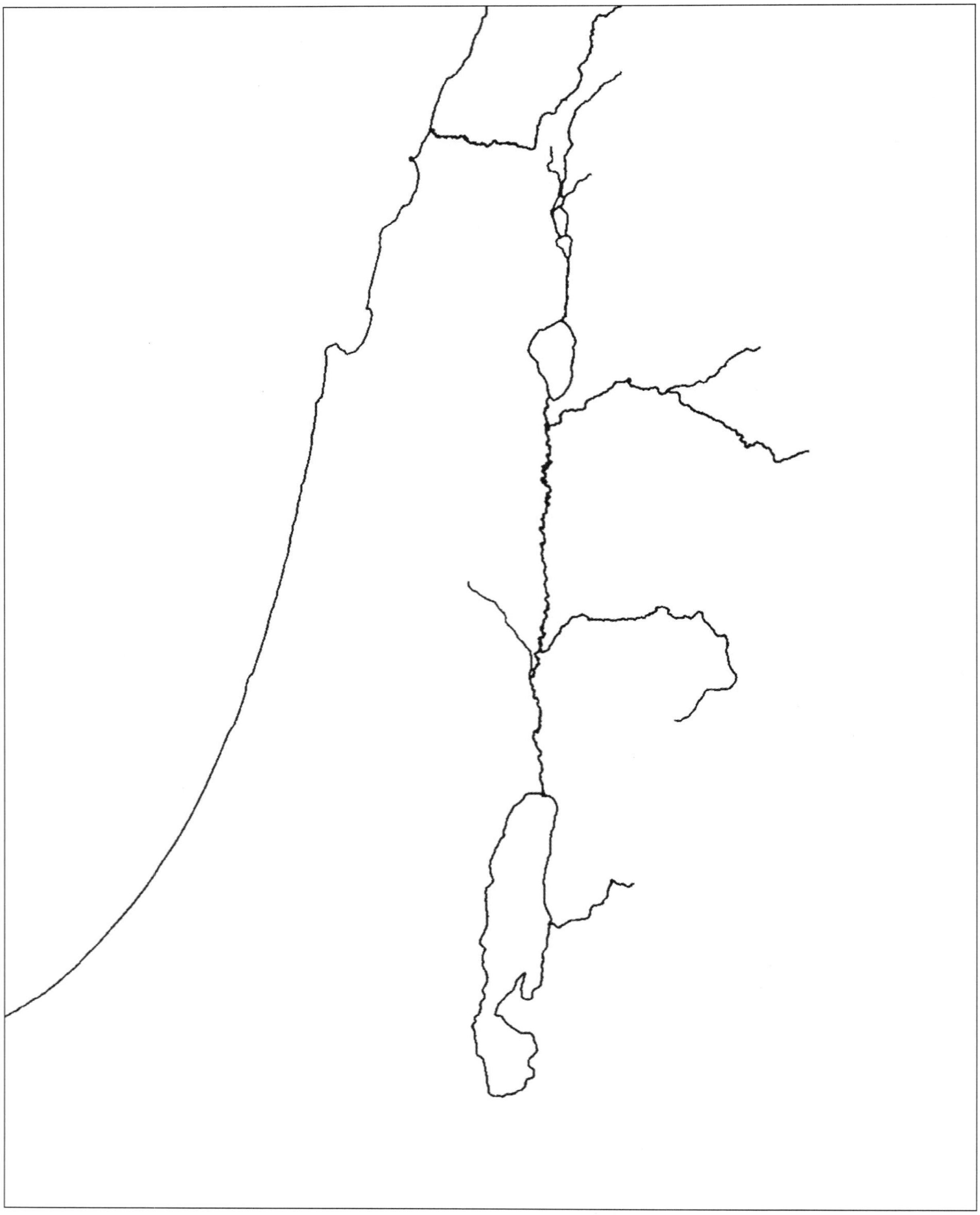

Trage die Orte, von denen Tamar erzählt (**M2.1**) auf dieser Karte ein.
Koloriere die Karte – braun, gelb, grün, blau.

Maria, die Mutter Jesu

Seit seiner Geburt ...

Schreibt gemeinsam Marias Gedanken über Jesu Geburt und Kindheit auf.
Vorkommen sollen: die Geschenke der Weisen und ihre Bedeutung;
die Episode des zwölfjährigen Jesus im Tempel. – Weitere Informationen findet ihr unten sowie in Matthäus 2, 1–12 und Lukas 2, 41–52.

Bethlehem

Bethlehem ist ein Dorf in Judäa (Findet es auf der Landkarte in eurer Bibel!).

Bethlehem ist der Geburtsort des Königs David, der ca. 800 v.Chr. Israel zu einem eigenen Staat machte.

Die Hoffnung der Juden ist es, dass in Bethlehem einmal ein neuer König Israels geboren wird.

Jerusalem

Jerusalem ist die Hauptstadt Israels. Hier regierten die Könige von Israel, als es noch ein eigener Staat war.

In der Erzählung wird Jerusalem fälschlich als Regierungssitz des Herodes angenommen. Herodes lebte vermutlich in Samaria oder Sepphoris

Schriftgelehrte

Juden, die besonders ausgebildet sind, die heiligen Schriften der Juden (= unser Altes Testament) zu verstehen.

Hohepriester

Gemeint ist der HOHE RAT, den wir später noch als eine wichtige Versammlung der Juden kennenlernen werden.

M4 Johannes der Täufer

Schon als ich ihn kommen sah …

Schreibt gemeinsam Johannes' Gedanken auf. Es soll vorkommen: Seine Tätigkeit am Jordan, seine Begegnung mit Jesus, Jesu Taufe. – Weitere Hinweise findet ihr in den Informationen unten und in Matthäus 3, 1–17.

Pharisäer und Sadduzäer

Pharisäer und Sadduzäer gehören je einer religiösen Gruppe der Juden an. Wir werden sie später noch näher kennenlernen!

Wüste von Judäa

Mit der Wüste von Judäa ist vermutlich das Gebiet um das Tote Meer gemeint, eine sehr trockene und heiße Gegend. In dieser Gegend lebte eine Gruppe von Juden, die Essener genannt werden, in einer Gemeinschaft ähnlich einem Kloster. Es wird vermutet, dass Johannes der Täufer dieser Gruppe nahe stand.

Jordan

Der Fluss Jordan durchzieht Israel von Norden bis Süden. Er fließt durch den See Genezareth und endet im Toten Meer.

Worfschaufel

Eine Schaufel, mit der bei der Getreideernte die Spreu (= die Hülle) vom Korn getrennt wird. Die Spreu wurde anschließend als wertlos verbrannt.

Judas

M5

Ich habe doch tatsächlich gehofft, ...

Schreibt gemeinsam Judas' Gedanken auf – aus der Bibel erfahrt ihr nicht viel über ihn; richtet euch daher nach der Darstellung im Film:
Was hofft Judas? Was geschieht bei seiner Begegnung mit Jesus? – Manche halten Judas für einen ehemaligen Zeloten und Sikarier. Bezieht diese Vermutung mit ein (Information s.u.).

Zeloten

Die Zeloten waren eine militärische Widerstandsbewegung der Juden gegen die römische Besatzung. Zelot bedeutet „wilder Kämpfer", „Fanatiker" oder „Terrorist". Oft traten die Zeloten in kleinen Gruppen auf und überfielen römische Soldaten aus dem Hinterhalt. Aber auch vor den eigenen Landsleuten, die mit den Römern zusammen arbeiteten, machten die Zeloten keinen Halt. Weil die Zeloten ablehnten, den Römern Steuern zu zahlen, hassten sie auch Zolleinnehmer. Vermutlich erwarteten die Zeloten einen Mann, der sich im Krieg mit den Römern an ihre Spitze stellte. Viele Jahre nach Jesu Tod, im Jahr 66 n. Chr., organisierten die Zeloten einen Aufstand gegen die Römer. Deshalb kam es zum sogenannten jüdischen Krieg von 66–70 n. Chr. Der Aufstand wurde blutig niedergeschlagen.

Sikarier

Eine Gruppe der Zeloten wurde auch die Sikarier, „Dolchmänner", genannt. Sie trugen immer einen Dolch bei sich. Vermutlich waren viele Zeloten zugleich Sikarier, vor denen sich selbst wichtige Juden fürchteten. Judas wird in der Bibel manchmal Judas Iskariot genannt. Das könnte man Judas, der Sikarier, übersetzen. Deshalb wird vermutet, das Judas ursprünglich der Gruppe der Sikarier angehört hat.

M6 Menschen haben Erwartungen an Jesus

Ergänze, was Maria, Johannes der Täufer und Judas von Jesus erwarten.
Schreibe auf, wie Jesus darüber denken würde.

Berufe und Gruppen zur Zeit Jesu

M7

Hallo, hier ist wieder Tamar. Ich möchte euch etwas über die Menschen erzählen, mit denen ich zusammen lebe.

Vermutlich geht es euch wie mir: Manche Leute mögen mich, andere nicht. Manche Leute halten sich für wichtig, andere werden für völlig unwichtig gehalten. Zu meiner Zeit, in der Jesus lebt, sind nicht alle Menschen gleich gut angesehen. Es gibt sehr hoch geachtete und einflussreiche Menschen, z.B. den König und die Beamten; andere sind weniger geachtet oder sogar ausgestoßen. Man kann die Gesellschaft zu meiner Zeit in „Schichten" einteilen und in Form einer Pyramide darstellen: Die Leute, die sehr großes Ansehen genießen, stehen an der Spitze der Pyramide – ihr Zahl ist nicht sehr groß. Dagegen gibt es sehr viele, die weder Ansehen noch Einfluss haben.

Ist das bei euch eigentlich anders? Dies ist das Ergebnis einer Umfrage in Deutschland: Wie viel Ansehen hat welcher Beruf?

Vergleiche die zwei Pyramiden.
Was hat sich gegenüber der Zeit Jesu geändert?
Was ist gleich geblieben beim Ansehen der Menschen und Berufe? Beschrifte die leere Pyramide mit den Menschen, die für dich wichtig, weniger wichtig oder unwichtig sind.
Vergleiche mit deinem Nachbarn!

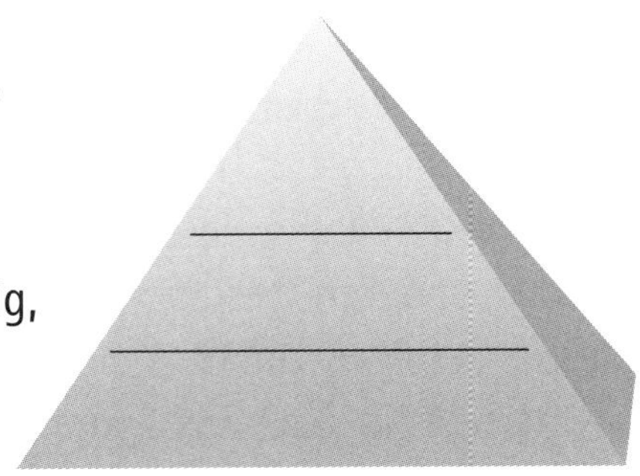

M8.1 Menschen zur Zeit Jesu: Zöllner

Ich habe euch davon erzählt, dass die Menschen zu meiner Zeit sehr unterschiedlich angesehen wurden. Eine Gruppe von Menschen gibt es, die kaum jemand mag. Das sind die Zöllner. Bei Euch ist ein Zollbeamter ein angesehener Beruf. Damals war das anders. Davon will ich euch erzählen.

Die Zöllner und Steuereinnehmer

Die Römer sind auf Geld angewiesen, um ihre Eroberungen durchzuführen und die eroberten Provinzen durch Beamte und Soldaten zu regieren. Deshalb nehmen die Römer **Steuern und Zölle** von den Menschen in ihren Provinzen ein. Diese Steuern treiben sie aber nicht selbst ein. In Israel werden dazu Juden gewonnen, die gegen ein Höchstgebot bestimmte Zollbezirke ersteigern, für die sie jährlich eine bestimmte Pachtgebühr an die Römer zahlen.
Was sie darüber hinaus einnehmen, gehörte ihnen.

Das sind die so genannten **Zollpächter oder Oberzöllner.** Für alles nur Denkbare werden Zoll und Steuern erhoben: Für das Überschreiten von Landesgrenzen, die Benutzung von Wegen und Brücken, für Nahrungsmittel wie Fisch, Salz, Öl und Wein. Natürlich arbeiten die Oberzöllner nicht selbst an den Zollstationen. Dafür stellen sie **Zöllner** oder Zollgehilfen ein. Auch das sind Juden. Diese Zöllner verdienen häufig sehr wenig. Um etwas dazu zu verdienen, nehmen sie oft mehr Geld als Zoll, als nötig ist. An den Zollstationen gibt es deshalb oft Streit, wenn die Zöllner falsche Gewichte benutzen oder den Warenwert zu hoch ansetzen.

Die Juden halten die Zöllner deshalb für Betrüger, Räuber und Diebe. Sie werden schon dadurch verdächtig, weil sie mit den Römern zusammenarbeiten. Wegen dieses ständigen Kontakts mit Nichtjuden gelten sie als „unrein". Deshalb meidet man den Umgang mit ihnen. Wer das Haus eines Zöllners betritt, galt selbst als „unrein". So sind die Zöllner manchmal reich, wenn es um das Geld geht, aber arm, wenn es um Freunde und Ansehen geht.

Im Film habt ihr gesehen, wie Jesus den Zollgehilfen Matthäus auffordert, mit ihm zu gehen. In einer anderen Geschichte wird erzählt, wie Jesus dem Oberzöllner Zachäus begegnet: Lies in der Bibel die Geschichte im Lukasevangelium, Kapitel 19,1–9. Schreib auf, was sich für Zachäus ändert, nachdem er Jesus begegnet ist!

Zachäus: Vor der Begegnung mit Jesus	Zachäus: Nach der Begegnung

Menschen zur Zeit Jesu: Die Fischer vom See Genezareth

M8.2

Viele Menschen in unserem Land verdienen ihr Geld als Tagelöhner. Was das bedeutet und welche Arbeit die Fischer am See Genezareth machen, das will ich euch erzählen.

Die Fischer und Tagelöhner

Die Menschen in **Galiläa** leben vom Ackerbau, vom Wein-, Oliven- und Feigenanbau, von der Viehzucht, als Handwerker oder als Fischer am **See Genezareth.** Der Fischfang ist kein angesehener Beruf, denn er ist schwer und schmutzig. Meistens werden die Fische nachts gefangen. Viele Männer sind dazu notwendig. Entweder benutzt man dazu ein Fesselnetz oder Schleppnetz vom Boot aus oder fingt die Fische mit einem Wurfnetz in flachem Gewässer.

Manche Fischer haben ein eigenes Boot, andere Fischer werden als **Tagelöhner** angestellt. Das bedeutet, dass sie immer nur für einen Tag angestellt werden. An manchen Tagen – wenn z.B. das Wetter schlecht ist – verdienen sie nichts. Auch in anderen Berufen werden häufig Tagelöhner eingesetzt, z.B. bei der Ernte in den Weinbergen, auf dem Feld oder beim Hüten des Viehs.

Der **Tagesverdienst eines Tagelöhners** beträgt häufig ein **Denar** (= 192 Scherflein). Damit kann ein Tagelöhner für einen Tag seine Familie ernähren. Das ist nicht viel, wenn man sich einmal anschaut, was die Waren zu meiner Zeit kosten:

Ein Brot	1/12 Denar
Eine vollständige Mahlzeit	1 Denar
Ein Lamm	4 Denare

Ein Kalb	20 Denare
Monatsmiete für ein Haus	4 Denare

Eine wichtige Person im Leben Jesu ist der Fischer Simon Petrus. Die Geschichte von dem Fischfang des Petrus findet ihr im Lukasevangelium, Kapitel 5,1–11. Lest die Geschichte. Am Ende der Geschichte steht: „Da zogen sie die Boote an Land, ließen alles zurück und folgten ihm nach." Was bedeutet das für Petrus und seine Freunde, aber auch für seine Familie?

Vor der Begegnung mit Jesus	Nach der Begegnung mit Jesus

M9 Menschen am Rande der Gesellschaft

Es gibt Menschen unter uns, denen es gar nicht gut geht.
Davon will ich euch jetzt erzählen:

Kranke und Behinderte

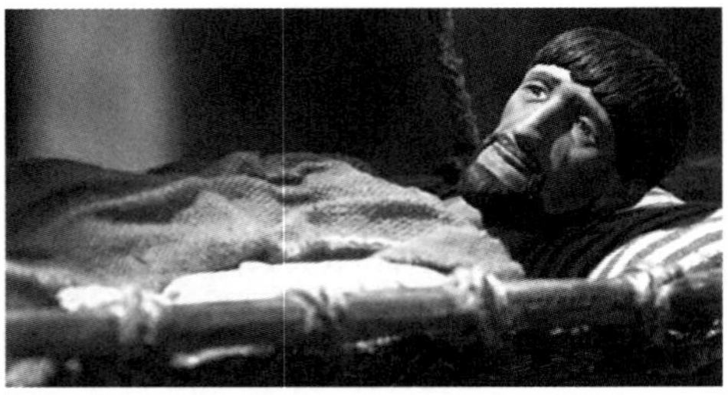

Zu den Menschen zur Zeit Jesu, die am wenigsten geachtet sind, gehören Tagelöhner und Arbeitslose, Zöllner und Bettler, aber auch **Kranke**, Frauen und Kinder. Krankheit wird als Strafe Gottes für ein Vergehen angesehen. Wer krank ist, so denkt man, ist selbst daran schuld. Deshalb ist das Heilen in unserer Welt häufig eine Aufgabe der religiösen Führer und der Priester. Besondere Leiden sind Lähmung, Blindheit und Gehörlosigkeit.

Eine weit verbreitete Krankheit ist der **Aussatz**, eine Hauterkrankung, die oft ansteckend ist. Deshalb werden Aussätzige aus der Gemeinschaft ausgeschlossen und müssen an besonderen Orten wohnen, bis die Heilung ihrer Krankheit durch einen Priester bestätigt worden ist. Sie gelten als „unrein". Auch Frauen, die ihre Monatsblutung haben, werden als „unrein" bezeichnet und gemieden.

Eine **geistige Erkrankung** wird zu meiner Zeit oft so erklärt, dass Dämonen oder Geister in den Menschen gefahren sind, die diesen Menschen zu merkwürdigen Reaktionen und Verhaltensweisen veranlassen. Ihr kennt bereits Maria aus Magdala, von der gesagt wird, sie sei von Geistern besessen. Eine Heilung von solch einer geistigen oder psychischen Erkrankung nennt man deshalb „Austreibung der Geister oder Dämonen".

Kinder

Kinder haben in Israel nicht viel zu sagen. Sie gelten für die Religion als unmündig. Erst mit 12 Jahren nehmen Kinder am Gottesdienst in der Synagoge teil. Sie helfen bei der Arbeit, haben aber kaum eigene Rechte. Erst mit 12 Jahren hat ein Junge oder Mädchen das Recht, selbstständig über sein Leben zu entscheiden. Deshalb werden **Mädchen** häufig schon vor ihrem 12.Lebensjahr mit einem Mann verlobt oder verheiratet.

Wie sich Jesus zu Kindern verhält, erzählt eine Geschichte im Markusevangelium.
Lies Markus, Kapitel 10, Vers 13–16. Trage ein: Was verändert sich im Leben der Kranken, Behinderten, Frauen und Kinder, wenn sie Jesus begegnen?

Vor der Begenung mit Jesus	Nach der Begegnung mit Jesus

Pharisäer und Sadduzäer

M10

Jetzt erzähle ich euch von Menschen, die für ganz wichtig gehalten werden oder sich für ganz wichtig halten:

Die Pharisäer und Schriftgelehrten

Die **Pharisäer** bilden eine wichtige religiöse Gruppe zur Zeit Jesu. Ihr gehören Kaufleute, Handwerker oder Bauern an. Andere Menschen haben ihnen gegenüber großen Respekt. Oft werden sie mit **Rabbi, Meister** oder **Lehrer** angeredet. Denn sie kennen sich in der Heiligen Schrift der Juden, der Thora, gut aus. Sie versuchen, nach den Vorschriften der Thora im Alltag zu leben. Dazu haben sie noch eine Vielzahl weiterer Vorschriften, die ihnen helfen, die Gebote der Thora zu halten.

Die Pharisäer halten sich möglichst von allen fern, die die Gebote nicht halten können, vor allem von Zöllnern, Kranken und Bettlern. Die Römer können sie gar nicht leiden. Denn sie lehnen die Zahlung von Steuern und Zölle ab. Anders als die **Zeloten** sind sie aber gegen eine gewaltsame Auflehnung gegen die Römer. Sie hoffen auf das Kommen eines Retters, den sie **Messias** nennen und der die Herrschaft Gottes über die Welt bringen wird. Pharisäer glauben an die Auferstehung der Toten. Häufig sind die Pharisäer die Leiter des Synagogengottesdienstes. Mein Vater Jairus ist übrigens ein Pharisäer und Synagogenvorsteher in unserem Dorf.

Sadduzäer

Die Pharisäer gehören der Mittelschicht an und wohnen über das ganze Land verteilt, auch auf den Dörfern in Galiläa. Die **Sadduzäer** dagegen sind nur eine kleine Gruppe und gehören der Oberschicht an. Die meisten von ihnen wohnen in Jerusalem und haben dort angesehene Berufe. Aus ihrer Mitte wird der Hohepriester gewählt. Dieser **Hohepriester** hat den Vorsitz im **Hohen Rat** oder **Synhedrium**. Der Hohe Rat ist das oberste Gericht der Juden, aber zur Zeit Jesu darf der Hohe Rat nur über religiöse Angelegenheiten beraten und darf auch kein Todesurteil fällen. Straftäter verurteilt der römische Statthalter, der zur Zeit Jesu Pontius Pilatus hieß. Die Sadduzäer sind den Römern freundlich gesonnen. Sie arbeiten mit den Römern zusammen, solange diese sich nicht in Glaubensangelegenheiten einmischen. Es kann sogar sein, dass sie Juden an die Römer verraten, die einen Aufstand gegen Rom planen. Beim Volk sind die Sadduzäer wegen ihrer Zusammenarbeit mit den Römern nicht beliebt.

Pharisäer lehnen Jesus ab, weil	Saduzäer lehnen Jesus ab, weil

M11 Jerusalem: Hauptstadt und Mitte

Bisher habe ich euch vor allem aus Galiläa, meiner Heimat, berichtet. Dort hat auch Jesus die meiste Zeit seines Lebens gelebt. Bald aber werde ich mit ihm nach Jerusalem gehen und es wird Zeit, dass ich euch einige wichtige Dinge über Jerusalem, unserer Hauptstadt, erzähle.

Jerusalem – die Hauptstadt der Juden

Bis heute ist Jerusalem die Hauptstadt Israels. Schon um 800 v.Chr. hat der damalige König der Israeliten, David, Jerusalem zu seinem Regierungssitz ausgebaut. Auch als Israel eine römische Provinz wurde, blieb Jerusalem die Hauptstadt Israels.

Wie ihr bereits wisst, wurde Israel in mehrere römische Provinzen aufgeteilt: Zur Zeit regiert Pontius Pilatus in Judäa und Samaria, der König Herodes in meiner Heimat Galiläa und in Peräa im Ostjordanland. Wenn wir Galiläer aus unserer Heimat in die Hauptstadt reisen wollen, dann ist das ein weiter Weg für uns, obwohl es nur etwas mehr als 150 km sind. Für euch wäre das eine Autofahrt von wenigen Stunden. Wir aber gehen zu Fuß mehrere Tage oder reiten mit dem Esel oder Maultier. Die Wege sind steinig und gefährlich und oft werden Reisende überfallen.

Samaria – eine Provinz mit fremden Menschen

Außerdem nehmen wir nicht gern den kürzesten Weg durch die Provinz Samaria, sondern machen den Umweg über das Ostjordanland. Denn **die Bewohner der Provinz Samaria, die Samaritaner,** sind wie Fremde für uns. Kein Jude durchquert ohne besonderen Grund ihr Gebiet oder übernachtet in einer ihrer Herbergen.

Jerusalem – die Stadt des Tempels

Zu meiner Zeit leben etwa 60.000 Menschen in Jerusalem. Der Tempel ist der Mittelpunkt Jerusalems. Die Häuser der Wohlhabenden stehen im Süden und Norden der Stadt.

Wir Menschen aus der Provinz im Norden sind überwältigt von der Schönheit und Größe der Stadt. Mindestens einmal im Jahr ist es Sitte, nach Jerusalem zu reisen. Dann nämlich, wenn in der Hauptstadt das große **Pessachfest** gefeiert wird. Wir Juden erinnern uns dann an den Auszug aus Ägypten vor mehr als 1000 Jahren. Damals hat Mose das Volk von der Sklaverei befreit und in das Land Israel gebracht.

Zum Pessachfest herrscht im Tempel großes Gedränge. Pilger aus dem ganzen Land und aus fernen Provinzen des römischen Reiches wollen ihre Opfergaben darbringen. Dazu kaufen sie Opfertiere von den Händlern. Geldwechsler tauschen das Geld der Pilger in Tempelgeld um. Nur damit dürfen Opfertiere gekauft werden.

Der Tempel ist so groß, dass er in mehrere Höfe und Häuser eingeteilt ist. Wir Kinder und Frauen dürfen nur in den **Frauenvorhof.** Im Platz vor dem Tempelgebäude werden die Opfergaben verbrannt. Dazu sind viele Priester am Tempel angestellt. Ein Tempelchor, der Chor der Leviten, singt Psalmen und andere Lieder. In das Tempelgebäude selbst dürfen nur die obersten Priester. In einen Raum, das **Allerheiligste,** darf sogar nur der Hohepriester – und auch das nur einmal im Jahr, am großen Versöhnungstag im Herbst.

Schlage die Landkarte in deiner Bibel auf. Suche die Provinzen und Städte, die hier genannt sind. Trage sie in der Landkarte auf Arbeitsblatt **M2.2** ein.

In Jerusalem: Was man von Jesus erwartet und befürchtet

Ich will, dass Jesus...

Ich will, dass Jesus...

Ich will, dass Jesus...

Ich will, dass Jesus...

Herodes, Pontius Pilatus, Kaiphas und Judas haben Erwartungen und Befürchtungen, wenn Jesus in Jerusalem ankommt. Schreibe in die Sprechblasen, was sie mit Jesus vorhaben.

M13.1 Filmstreifen

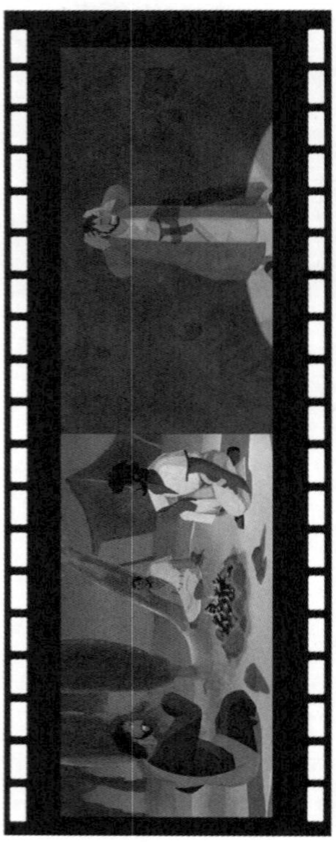

Der Menschensohn wird viel erleiden und getötet werden

Meines Vaters Haus soll ein Haus des Gebets sein. Ihr habt es zu einer Räuberhöhle gemacht!

Wie viel würdet ihr mir geben, wenn ich euch zu Jesus führe?

Gebt dem Kaiser, was dem Kaiser zusteht. Aber gebt Gott, was Gott zusteht!

Filmstreifen

M13.2

M13.3 Filmstreifen

Filmstreifen

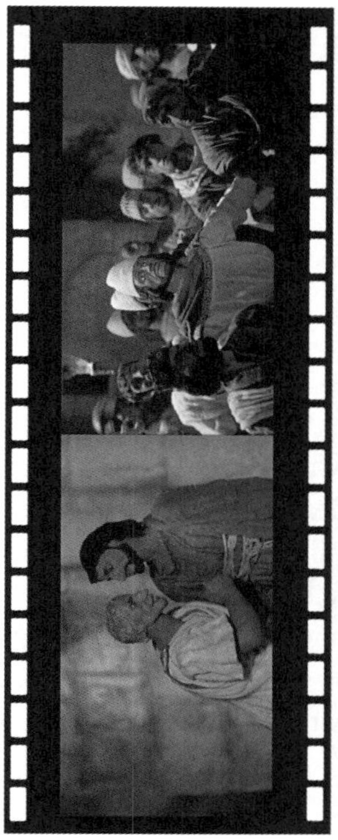

Kreuzige ihn!
Wir wollen Barrabas!

Die Römer haben Jesus verurteilt!
Dieser Mann ist unschuldig!

Vater, ich übergebe dir meinen Geist!
Es ist vollbracht!

Dieser Mann ist der Sohn Gottes gewesen!

M14 Die Kreuzigung und die Bestattung

Heute berichte ich zum letzten Mal aus der Zeit, in der Jesus lebte. Es ist eine traurige Geschichte, denn es geht darin um Sterben und um den Tod. Aber auch das ist wichtig.

Die Kreuzigung

Jesus wurde von den Römern auf Drängen der Mitglieder des Hohen Rates zum Tode verurteilt. Er starb am Kreuz. Das ist eine sehr grausame Art der Todesstrafe. Die Römer benutzen diese Art, einen Verbrecher zu töten, vor allem dann, wenn es sich um einen Menschen handelt, der einen Aufstand gegen den Kaiser in Rom plante. Vielleicht haben die Römer gedacht, dass Jesus solch einen Aufstand geplant hat. Deshalb wurde auch ein Schild an das Kreuz angebracht: „Jesus Christus – König der Juden."
Jesus selbst wollte sicher nicht der König der Juden sein. Aber andere haben es von ihm erwartet und befürchtet. Bei einer Kreuzigung werden die Verurteilten öffentlich an ein Holzkreuz genagelt oder mit Stricken festgebunden. Meist befanden sich die Stätten der Kreuzigung außerhalb einer Stadt oder an einer der Hauptstraßen, damit viele Menschen die Gekreuzigten sehen konnten. Ihr Anblick sollte andere Menschen vor dem Zorn der Römer gegenüber Aufständischen warnen.

Das Begräbnis

Ihr habt gesehen, dass Jesus in einer Felsenhöhle beerdigt wurde. So werden bei uns in Israel alle Menschen bestattet. Wir legen unsere Toten nicht in Särge oder verbrennen den Leichnam. Der Leichnam wird in ein Leinentuch gewickelt. Meist werden die Toten noch am gleichen Tag bestattet. Denn bei uns ist es sehr warm und die Leichen beginnen schnell zu verwesen. Vorher werden die Toten gewaschen und mit Ölen und Salben gepflegt. Dazu hatten die Frauen bei Jesus keine Zeit, denn es musste alles ganz schnell gehen. Der nächste Tag war nämlich ein Sabbat, unser wöchentlicher Feiertag. Und an einem Sabbat darf man nicht arbeiten oder einen Toten bestatten.

Ihr habt wichtige Dinge über mein Land und über Jesus erfahren. Wenn ihr den letzten Teil des Films anschaut, achtet besonders darauf, was ich über Jesus am Ende des Films sage:

____

____

____

Ab 6. Klasse

Wenn das Leben geht

Mit dem Thema „Sterben und Tod" im RU beginnen

Einleitung

Das Thema

Sterben und Tod, die Frage nach dem Sinn des Todes, Nachdenken darüber, was nach dem Tod kommt – von der Geburt bis zum eigenen Tod prägt dies das Leben der Menschen. Dass sich bereits kleine Kinder eigenaktiv mit diesen Fragen auseinandersetzen und ihre eigenen, individuellen Antworten finden, gehört inzwischen ebenso zu den theologischen und religionspädagogischen Grundeinsichten[1] wie die Tatsache, dass sich Vorstellungen darüber in der Reflexion zwischen eigenen Erfahrungen und den Vorgaben des kulturellen Umfeldes entwickeln.

Im Zusammenhang mit der christlichen Auferstehungshoffnung ist deshalb die Auseinandersetzung mit Fragen des Sterbens und des Todes für den Religionsunterricht ein Gegenstand, der in jeder Jahrgangsstufe neu zum Unterrichtsthema werden kann und soll. Dabei trifft die Erarbeitung im Unterricht auf einen ambivalenten Erfahrungs- und Verstehenshorizont bei Schülerinnen und Schülern:

Zum einen sind Kinder und Jugendliche zunehmend Opfer der Tabuisierung und Verdrängung von Sterben und Tod in unserer Gesellschaft:

> Wir leben in einer Gesellschaft, in der das Thema Tod tabu ist. Es hat keinen Platz in dieser Welt, wo Jugend, Erfolg, Gesundheit ständig beschworen werden. Selbst Menschen, die durch ihren Beruf mit dem Sterben und dem Tod zu tun haben, z.B. Ärzte und Pflegepersonal, sind darauf oft nicht gut vorbereitet und empfinden einen sterbenden Bewohner/in oder Patienten als Niederlage ihres Berufs. Eigenartig, wenn man bedenkt, dass jeder Mensch sterben muss. Denn wer geboren wird, muss diese Welt auch wieder verlassen. Das ist die einzige Sicherheit, die wirklich existiert.
>
> *Deutsche Hospiz Stiftung, Weil Sterben auch Leben ist, Informationsbroschüre der Deutschen Hospiz-Stiftung, Dortmund 2001, S. 2.*

Sterben und Tod ist ein Tabu, sofern es um die primäre, direkte Erfahrung und Auseinandersetzung mit dem Sterben, Tod und Begräbnis eines Menschen geht. Mit der Auflösung der Mehrgenerationenfamilie und -haushalte ist nicht nur jungen Menschen zunehmend die Möglichkeit genommen, eigene Erlebnisse mit dem Lebensende eines Menschen zu machen. Traditionelle Rituale des Abschiednehmens von einem Verstorbenen und der Trauer geraten mehr und mehr in Vergessenheit. Pfarrerinnen und Pfarrer stellen fest, dass Kinder und Jugendliche aus falscher Rücksicht der Erwachsenen von Beerdigungsfeiern ferngehalten werden – vermutlich auch deshalb, weil die Erwachsenen selbst nicht mehr fähig sind, sich mit den Fragen auseinanderzusetzen, die sich angesichts von Sterben und Tod stellen:

> Warum musste das sein?
> Was ist da eigentlich passiert?
> Was kommt danach –
> für mich und den Verstorbenen?

Dennoch bleiben Schülerinnen und Schüler von den Primärerfahrungen im Umgang mit Sterben und Tod nicht verschont, sie reichen vom Tod des Haustieres bis hin zur Erfahrung des Tods eines Geschwisterkindes oder einer Mitschülerin – „der

1 Dazu vor allem Martina Plieth, Kind und Tod – Zum Umgang mit kindlichen Schreckensvorstellungen und Hoffnungsbildern, Neukirchen-Vluyn: Neukirchener Verlag, ^{2}2001.

Platz neben mir ist leer."[2] Von der individuellen Betroffenheit kann kein Mensch ausgenommen, noch ferngehalten werden. Situativ taucht das Thema deshalb nicht nur im Religionsunterricht auf, sondern gehört zum Schulalltag. Religionslehrkräfte sind nicht selten jene, die in solchen Fällen ungewollt zu Notfallseelsorgern werden.[3]

An die Stelle fehlender Primärerfahrungen tritt die Sekundärerfahrung des *virtuellen Tods* in den Medien: Fernsehen, Videos, Computerspiele, Internetforen sind jene Orte, an denen täglich tausendfach *virtuell gestorben* wird. Entsprechend dem postmodernen Slogan „Anything goes" ist dort die Darstellung von Sterben, Tod und dem, was darüber hinaus zu denken und zu ahnen ist, weitgehend enttabuisiert und nach jeder Grenze hin offen. Der hundertfache Tod, der täglich in Krimis und Fernsehserien gestorben wird, ist schon zur Selbstverständlichkeit geworden. Nahtod-Erfahrungen, Vorstellungen von Wiedergeburt, Zwischenwelten zwischen Leben und Tod, Rückkehr eines Verstorbenen als Schutz- oder Racheengel, untoter Zombie, Phantasien von Unsterblichkeit und Seelenwanderung, Phantasien von Himmel und Hölle gehören zum ständigen Repertoire aller Filmgenres vom Kinderfilm über die Komödie, Liebesfilm, Grusel- und Horrorfilm und Science Fiction. Dabei greifen diese Medien nicht selten auf Symbole und Bilder zurück, die ihren Ursprung in der Auseinandersetzung der Religionen mit dem Thema Sterben und Tod haben. Diese religiösen Motive werden übernommen, verfremdet, ergänzt, als Parodie inszeniert oder gar in ihr Gegenteil verkehrt. Das, was eigentlich Trost und Hoffnung spenden sollte, wird zum Ausgangspunkt von Vertröstung und Verharmlosung einerseits, von Angst und Horror andererseits.

Meinungen und Haltungen, Voreinstellungen und Phantasien von Schülerinnen und Schülern zum Thema Sterben und Tod erweisen sich deshalb gegenwärtig als Mischung aus diesen noch rudimentär vorhandenen Primärerfahrungen mit Sterben und Tod und den Sekundärerfahrungen der medialen Verarbeitung und Darbietung des Themas. Für die Lehrkraft, die dieses Themenfeld im Unterricht behandeln möchte, stellt sich die Frage nach dem Einstieg, der solche Voreinstellungen zunächst einmal wahrnimmt und ernst nimmt, dann aber ordnet und strukturiert, um schließlich biblisch-christliche Antworten in den Unterrichtsprozess einbringen zu können.

Die biblisch-christliche Rede von Auferstehung, Himmel, Hölle, Gericht und Reich Gottes kann dabei verstanden werden als ein Repertoire von Antworten, das die Realität des Todes als Ende des Lebens wahrnimmt, Phantasien von Reinkarnation und Unsterblichkeit in Frage stellt und ablehnt, endgültige Gemeinschaft mit Gott in hoffnungsvollen und tröstenden Metaphern zum Ausdruck bringt und den Tod unter ethischer Perspektive auch als Anfrage an die Gestaltung des Lebens *hier und jetzt* versteht.

Für einen Einstieg in das Themenfeld Sterben und Tod erweist sich der Kurzspielfilm „Wenn das Leben geht ..." als *geeignetes Medium*.

Das Medium: Der Kurzspielfilm „Wenn das Leben geht"

In insgesamt 22 Sequenzen werden in dem zehnminütigen Zeichentrickfilm Kindererfahrungen und Kindervorstellungen von Sterben, Tod und Jenseits in Szene gesetzt, während Kinderstimmen (Mädchen und Jungen) diese Erfahrungen erzählen und kommentieren. Die 22 Textpassagen und Szenen des Films lassen sich in folgende Themenbereiche gliedern:

1–5	Erfahrungen mit dem Sterben
6–10	Vorstellungen von dem, was nach dem Tod sein wird (6-9 Himmel, 10 Hölle)
11–12	Vorstellungen von Gott
13	Erfahrung mit eigener Krankheit und Sterben
14–18	Vorstellungen von Wiedergeburt
19–21	Vorstellungen von „der Seele"
22	Abschluss: Furcht vor dem Tod?

2 Siehe dazu Dorothea Meili-Lehner, Der Platz neben mir ist leer... – Tod in der Schule, in: Renate Amuat (Hg.), Last minute – Der Tod macht auch vor der Schule nicht Halt, Zürich: Verlag Pestalozzianum, 1999, S. 24–31

3 Christian Rasch, Strategien und Rituale zum Umgang mit Tod und Trauer im Schulalltag, in: Manfred Karsch/ Christian Rasch (Hg.), Schulgottesdienste, Dienst am Wort Bd. 109, Göttingen: Vandenhoeck & Ruprecht, 2006, S. 90ff.

Der Film bietet zunächst die Möglichkeit, sich von der eigenen Betroffenheit durch Primärerfahrungen mit Sterben und Tod zu distanzieren, eigene – vergangene und gegenwärtige – Vorstellungen und Phantasien in den Kinderaussagen wiederzuentdecken, von sich selbst abzusehen und darüber in der Lerngruppe ins Gespräch zu kommen, „was man als Kind denn so alles vom Sterben und Tod gedacht hat". Unseren Erfahrungen nach eignet sich dieser Film deshalb als Einstiegsimpuls für Lerngruppen unterschiedlicher Jahrgänge, von der Primarstufe bis hin zu Erwachsenengruppen und kann in unterschiedlichen Jahrgangsstufen der Sekundarstufe eingesetzt werden als Impuls, an den sich die Vertiefung des Themas in unterschiedliche Richtungen (s.u.) anschließen kann.

Materialien

- Wenn das Leben geht, Zeichentrickfilm, Buch und Regie: Karsten Killerich, Produktion A-Film ApS für The Danish Film Institute, 2000, im Vertrieb des FWU Institut für Film und Buch in Wissenschaft und Unterricht gGmbH, Grünwald
- Arbeitsblätter **M1.1–M1.11**, **M2–6**

www.fwu.de/db-bm/record.phtml?

Der Film im Unterricht

Didaktischer Leitgedanke

Aus Primär- und Sekundärerfahrungen bilden sich bei Schülerinnen und Schülern individuelle und teilweise ambivalente Vorstellungen und Haltungen zum Themenfeld Sterben und Tod. Die Unterrichtssequenz verfolgt die Absicht, als Einstieg in das Themenfeld diese Vorstellungen und Haltungen offenzulegen und Zugänge zum biblisch-christlichen Antwortrepertoire zu ermöglichen.

Verlauf

Die folgenden Unterrichtsbausteine zur Verwendung des Films *Wenn das Leben geht* können vom Unterrichtenden je nach Jahrgangsstufe und Klassensituation eingesetzt werden. Im Anschluss daran werden Vorschläge zur Weiterarbeit am Themenfeld Sterben und Tod vorgestellt.

Zum Einstieg wird der Film entweder spontan ohne einleitenden Kommentar des Unterrichtenden gezeigt oder mit folgenden Worten eingeleitet:

> Wir sehen einen Kurzfilm. Es ist ein Zeichentrickfilm. Im Film hören wir Stimmen von Jungen und Mädchen, die über ihre Gedanken und Erfahrungen zum Thema Sterben und Tod und ihre Vorstellungen davon, was nach dem Tod kommt, sprechen. Dazu sehen wir Bilder, die diese Gedanken der Kinder darstellen. Wir wollen den Film zunächst als ganzen sehen. Er dauert 10 Minuten.

Nach einer Spontanphase und Sammlung von ersten Schüleräußerungen wird im Plenum mit den Bildkarten auf den Arbeitsblättern **M1.1 bis M1.11** gearbeitet. Dazu eignen sich folgende Methoden:

- In kleineren und vertrauten Gesprächsgruppen werden die Karten im Gesprächskreis ausgelegt. Die Karte Nr. 22 wird ggf. ausgelassen. Jeder Schüler/jede Schülerin wählt 1–2 Karten aus unter folgenden Aspekten:
  - Diese Aussage hat mich besonders angesprochen. Ich habe dazu etwas zu erzählen oder zu berichten.
  - Diese Aussage reizt mich zum Widerspruch. Ich möchte dazu etwas sagen.
  - Früher habe ich auch einmal so gedacht. Ich möchte davon erzählen.
  - Ich habe eine ähnliche oder ganz andere Erfahrung gemacht. Ich möchte davon berichten.
- Die Karten werden im Klassenraum ausgelegt/aufgehängt. In einem Galeriegang können Schülerinnen und Schüler ihre Kommentare auf ebenfalls ausgelegte Blankokarten schreiben und die Kommentare ihrer Mitschüler lesen, ergänzen und kommentieren. Anschließend werden einzelne Karten im Gesprächskreis zur Diskussion gestellt.
  - Wichtig: Es geht im Gespräch nicht um Bewertung bzw. Abwertung von Schüleräußerungen. Erfahrungen sind ebenso wie Vorstellungen zum Themenfeld individuell. Der Unterrichtende als Moderator des Gesprächs sollte dafür ein Gespür haben, ebenso dafür, dass ein Gesprächsteilnehmer an seine emotionalen Grenzen gerät.

- Die Szenenkarten werden im Gesprächskreis nach Themenbereichen sortiert. Die Sortierung dient dazu, gemeinsam nach Interessenlage der Unterrichtsgruppe oder nach Vorgabe des Unterrichtenden weitere Schwerpunkte für den Unterricht zu finden.
- Die Karte Nr. 22 mit der Textpassage: „Eigentlich fürchte ich mich nicht vor dem Tod, wenn ich mir vorstelle, wie viele Jahre ich noch vor mir habe, dann mache ich mir jetzt darüber noch keine großen Gedanken." wird in die Mitte gelegt/an die Tafel gehängt. Erfahrungsgemäß ergibt sich daraus eine kontroverse Diskussion je nach Alter und Erfahrungshorizont der Lerngruppe. Auch daraus ergeben sich weitere Schwerpunkte und Interessen für Themenschwerpunkte.

Vertiefung des Themas

- *Trauer und christliche Auferstehungshoffnung (für Jahrgangstufe 5./6):* Für die Jahrgangsstufe 5./6. kann eine Fortsetzung zum Themenbereich „Abschiednehmen - Trauern - Aufstehungshoffnung" über das Bilderbuch *Marit Kaldhol, Abschied von Rune, Heinrich Ellermann Verlag, 2000* (auch als Diareihe erhältlich), geschaffen werden: Erzählt wird die Geschichte des Mädchens Sara, dessen bester Freund Rune beim Spielen im Meer ertrinkt. Das Bilderbuch nimmt sowohl Saras Gefühle beim Abschied auf wie auch die Vorgänge bei Beerdigungsfeier und Grablegung. Anknüpfend an die Geschichte können Unterrichtsgänge zum Friedhof, in eine Friedhofskapelle und zum Bestatter Informationen und Eindrücke ergänzen. Wo die Möglichkeit von Unterrichtsgängen nicht gegeben ist, liefert der folgende Kurzfilm notwendige Sachinformation: Armin Maiwald, Abschied von der Hülle, Frankfurt/M.: Katholisches Filmwerk, 2004. - 29 Min., DVD, (Mäusespecial aus der Sendung mit der Maus).

  Das Bilderbuch Abschied von Rune lässt die Frage nach der christlichen Auferstehungshoffnung offen. Dazu wird die Erzählung auf **M2** angeboten, die in eine Fortsetzung der Geschichte die biblische Ostererzählung von Maria am Grab (Joh 20,11–18) einbindet. Es bietet sich an, nach der Erzählung in ggf. fächerverbindendem Unterricht mit einem Kunstprojekt (Malen in Aquarelltechnik) Bilder zu dieser Geschichte im Stil des Bilderbuches zu gestalten und eine Ausstellung in der Schule zu organisieren.

- *Vergleich mit biblischen Aussagen:* Exemplarisch kann ein Themenbereich herausgriffen und vertieft werden, indem er mit biblischen Aussagen verglichen und konfrontiert wird, zum Beispiel biblische Vorstellungen von dem, was nach dem Tod kommt unter der Fragestellung: „Wie Menschen sich das Ende und das, was danach kommt, vorstellen ...".

  Dazu bekommen Kleingruppen Aufgaben zum Textvergleich, deren Ergebnisse sie im Anschluss im Plenum präsentieren (Vortrag oder Präsentation auf einer Stellwand in den vier Ecken des Klassenraums). Dabei kann die Suche nach Gemeinsamkeiten und Unterschieden ebenso im Vordergrund stehen wie die Frage nach dem, was diese Vorstellungen bewirken sollen und können (Angst, Hoffnung, Trost, Belehrung, Ermahnung, Vertröstung, Lebenshilfe usw.). Wenn nicht schon geschehen, kann dabei die Textkarte Nr. 22 als kritischer Impuls („Was bedeutet das Nachdenken über Sterben und Tod für mein Leben?") eingebracht werden.
  - Die Jenseitsvorstellungen im Gleichnis vom reichen Mann und dem armen Lazarus in (Lk 16,19–31) und die Textpassagen 10 und 11
  - 1.Thess. 4,13–18: Die Endzeitvorstellungen des Paulus (1Thess 4,13–18) und die Textpassagen 6–9
  - Die Bildersprache in Joh 14,1–6 („In meines Vaters Haus sind viele Wohnungen ...") und die Textpassagen 8–9
  - Offenbarung 21 i.A. (Vorstellung vom himmlischen Jerusalem) und die Textpassagen 8–9

- *Vergleich mit den Vorstellungen von Sterben und Tod in anderen Religionen:* Vor allem die Textpassage 6–9 und 14–21 legen es nahe, Parallelen zu Todes- und Jenseitsvorstellungen der Weltreligionen Islam, Judentum, Buddhismus und Hinduismus zu erarbeiten. Einen Einstieg dazu bieten die Informationen auf den Arbeitsblättern **M3–6**. Nicht zuletzt dient ein solcher Vergleich der Einordnung und Bewertung von Todes- und Jenseitsvorstellungen in der oben aufgezeigten virtuellen Welt der Medien.

  Für Lerngruppen mit Erfahrung von Computereinsatz im Unterricht bietet sich an, eine Recherche zum Thema „Sterben und Tod in den Weltreligionen" über das Computerprogramm Religiopolis (Klett-Verlag, 2004; auch als Mehrplatzversion und Netzwerklizenz für die Verwendung im Unterricht oder im Computerraum der Schule erhältlich) zu initiieren. Notwendig ist dann ein genauer Rechercheauftrag: Kleingruppen recherchieren je eine Weltreligion zu einem fest umgrenzten Thema, z.B. Jenseitsvorstellungen, Bestattungsriten.

- *Expertenbefragung zum Themenfeld Sterben und Tod:* Die im Film *Wenn das Leben geht* aufgegriffenen Themenbereiche und die in der Erarbeitung entstandenen Fragen können durch eine Expertenbefragung vertieft werden. Dadurch können Vermutungen und Phantasien, aber auch Ängste im Zusammenhang mit Sterben und Tod durch Sachwissen ersetzt werden. Es werden entweder Kleingruppen gebildet, die Fragen an die Experten erarbeiten und die Experten aufsuchen, oder Experten werden in den Unterricht eingeladen. Mögliche Experten sind Ärzte, Pfarrer, Mitarbeitende in einer Hospizgruppe, Krankenhausseelsorger, Pflegerinnen einer Paliativstation, Bestatter.

M1.1 Szenenbilder

Ich hatte mal einen Hund, der war ganz lieb und dann ist er gestorben, und als ich das hörte, da hab ich ganz arg geweint.

1

Wenn man stirbt, dann wird man erst ganz schlaff und nach einer Zeit wird man ganz steif.

2

Die Menschen sterben alle irgendwann.

3

Da gibt es eine Krankheit, die heißt Krebs, davon kann man sehr schnell sterben.

4

Szenenbilder

M1.2

Ich meine, du rechnest ja nicht damit, dass dein kleiner Bruder stirbt, oder? Du meinst, das kann doch nicht sein, die machen nur Spaß. Wenn man ihn aber eine zeitlang hält und merkt, wie eiskalt er ist, dann ist das wirklich traurig. Am meisten habe ich geweint, als er in den Sarg gelegt werden sollte. Denn da musste ich Abschied nehmen.

5

Ich glaube an ein Leben nach dem Tod – ganz fest!

6

Also, wenn man im Sarg liegt, dann ist es so, als würde man wieder aufwachen! Dann gibt es neben dir einen Lift, du steigst ein und fährst hinauf in den Himmel. Da gibt es dann einen Tunnel, du gehst hindurch und auf einmal liegt vor dir eine große Stadt. Da triffst du dann vielleicht deine Großmutter oder deinen Großvater, jemand der 1989 gestorben ist.

7

Ich glaube, man kann dort oben spazieren gehen, ich denke, wenn man tot ist, dann bekommt man Spezialfüße, mit denen man auf den Wolken gehen kann, dann läuft man damit herum und es gibt eine große Wolke, auf der man Fußball spielen kann, so wie ich hier.

8

M1.3 Szenenbilder

Und wenn man im Himmel begraben wird, dann fällt man nicht auf die Erde.

9

Ich glaube, die liegen da und verfaulen, aber ihre Seelen fliegen in den Himmel hinauf oder zu den Teufeln, wenn sie böse sind. Da gibt es jede Menge Glut und Feuer und Lava und tief drinnen in der Erde liegt die Hölle und da gibt es ganz viel Lava, das ist scheußlich und dann verbrennst du in einer Art Käfig. Das Feuer kommt und die Käfig, in denen wird deine Seele verbrannt. Dann zieht der Teufel einen Hebel – puff!.
Der Teufel will den Menschen und Gott will den Menschen, aber am besten ist es zu Gott zu kommen.

10

Gott sieht wie ein alter König aus, ein ganz alter König. Vielleicht ist sein Gehirn in tausend kleine Stückchen zerschnitten. Ich weiß nicht, wie viele Menschen Gott schuf, aber ein Stückchen denkt an mich und eins an jemand anders.

11

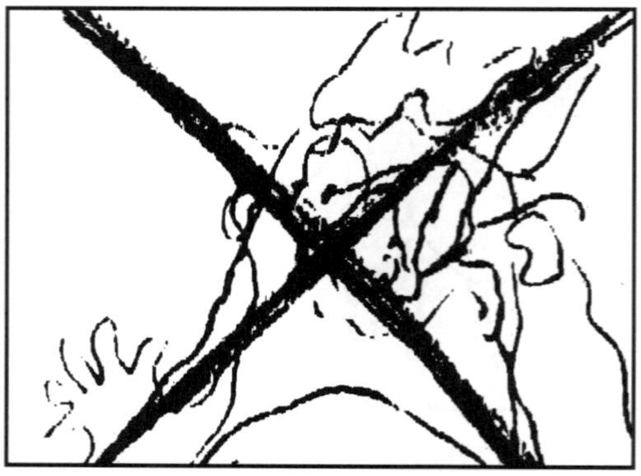

Ich glaube nicht, dass es einen Gott gibt.

12

Szenenbilder

Ich habe die ganze Zeit so Schmerzen gehabt. Mein Kopf tat so weh. Es ist schwer zu sagen, was man tun will. Entweder in den Himmel kommen oder bei den Eltern bleiben. Man denkt, ob man lieber hinauf will, wo es einem besser geht oder lieber hier bleibt und sein Leben lebt.

13

Einmal war ich draußen am Wasser und ich konnte meinen Urgroßvater und meine Urgroßmutter sehen. Ich konnte sie an den Wolken erkennen, die aussahen wie sie. Eine Wolke stieg auf, es war eine Art Stuhl, es sah aus, als würde sie da sitzen und mir zuwinken. Aber manche Leute sagen, ich wäre abergläubisch.

14

Also ich glaube, wenn man stirbt, kommt man wieder ins Leben zurück: als ein Mädchen, Junge oder Spinne oder Maus oder sonst irgendwas.

15

Vielleicht kommt mein kleiner Bruder als Geist wieder und ich darf ihn behalten – ich weiß nicht!

16

M1.5 Szenenbilder

Deshalb falte ich meine Hände und sage: Lieber Vater im Himmel. Bitte lass mich einen Augenblick mit meinem kleinen Bruder reden. Amen.

17

Manchmal träume ich von meinem kleinen Bruder. Zum Beispiel, dass ich mit ihm spielen wollte, als er noch klein war und das Laufen beibringen wollte, auch wenn es dafür noch etwas früh war – das war lustig!

18

Wenn ich das richtig verstehe, ist die Seele in deinem Körper wie ein Gespenst.

19

Ohne Seele können wir nicht leben – daran glaube ich!

20

Szenenbilder

Die Seele lässt das Herz schlagen. Vielleicht stirbt man daran, wenn die Seele schwächer und schwächer wird.

21

Eigentlich fürchte ich mich nicht vor dem Tod, wenn ich mir vorstelle, wie viele Jahre ich noch vor mir habe, dann mache ich mir jetzt darüber noch keine großen Gedanken.

22

M2.1 Sara an Runes Grab

Erzählung im Anschluss an die Diareihe/das Bilderbuch „Abschied von Rune"

Es ist nicht das letzte Mal gewesen, dass Sara so mit Mama zum Friedhof fuhr. Sie haben es regelmäßig wiederholt. Ja, und es ist eigentlich immer dasselbe schöne Erlebnis gewesen: Mama hat ihr Fahrrad aus dem Schuppen geholt und Sara ist auf den Gepäckträger geklettert. Ihre Arme hat sie um den Bauch der Mama geschlungen und sich an ihren warmen Rücken angeschmiegt. Dann hat sie an Rune gedacht und dann hat sie jedes Mal wieder den kleinen nassen Fleck gespürt auf ihrer Wange.

Das ist der Kuss, Runes Kuss. Und sie hat die kleine Träne, die da auf ihrer Wange klebte, nicht weggewischt, sondern so lange gewartet, bis der Fahrtwind sie getrocknet hat.

Mama hat Blumen mitgenommen aus dem Garten und der Korb baumelte an der Lenkstange hin und her. Meist sind es Anemonen gewesen, wie damals. Die haben sie zu Runes Grab gebracht. Und Sara hat noch nie vergessen, den Stein mit Runes Namen ein bisschen zu streicheln.

Zeichne Sara und ihre Mutter an Runes Grab. Oder zeichne dein eigenes Bild von einem Friedhofbesuch.

Sara an Runes Grab (Fortsetzung)

M2.1

Diese erste Zeit nach Runes Tod ... – das ist jetzt schon lange so. Viele Male hat der Schnee den kleinen Friedhof hinter der Kirche zugedeckt und viele Male haben die Anemonen auf dem kleinen Hügel über Runes Grab ihre Blumengesichter der Frühlingssonne entgegengestreckt.

Sara ist älter geworden. Und wenn sie jetzt mit Mama zum Friedhof fährt, dann hat sie ihr eigenes kleines Fahrrad und der Korb mit den Blumen baumelt an ihrem Rad.

Runes Eltern haben eine kleine Bank neben den Hügel gestellt. Wenn man auf ihr sitzt, schaut man direkt auf den Stein mit Runes Namen. Es ist eigentlich immer das gleiche, wenn Mama und Sara Runes Grab besuchen. Erst gehen sie hin, bleiben ein wenig stehen vor dem Stein. Dann läuft Sara los und holt Wasser aus dem Brunnen in der Mitte des Friedhofs. Und dann stellen sie gemeinsam die Blumen in ein Glas vor dem Stein. Beide setzen sich ein dann ein bisschen auf die Bank. Mama legt den Arm um Sara und Sara schmiegt an Mama. So bleiben sie sitzen und keiner sagt ein Wort. Dann stehen sie auf, nehmen sich an den Händen und schlendern über den Friedhof zurück zu den Rädern.

Eine Bank neben dem Grab. Stell dir vor, wie sie da sitzen, Sara und ihre Mutter. Schreib Gedankenfetzen auf, die ihnen vielleicht durch den Kopf gehen.

Heute ist das anders. Sara möchte etwas sagen, was sie schon lange bewegt. Als sie beide auf der Bank sitzen und auf den Stein auf Runes Grab schauen, sagt sie: „Mama, erinnerst du dich noch? Damals, als Rune starb, da war ich ganz traurig, weil er nicht mehr da ist und ich ihn nicht mehr sehen kann und mit ihm spielen kann. Da hast du gesagt, dass ich ihn nie, nie wiedersehen werde. Aber irgendwie ist er doch nicht ganz fort, hast du gesagt. Wenn ich an ihn denke, hast du gesagt, dann kann ich ihn sehen, in mir drin." „Ja", sagt die Mama. „Das habe ich gesagt." „Und das war auch so, wie du gesagt hast, Mama", fährt Sara fort. „Ich hab ihn auch gesehen, hier drin. Ja, es war, als ob er mir manchmal so nah war, dass ich ihn umarmen konnte wie damals am See, als wir Vater und Mutter gespielt haben. Aber jetzt, jetzt ist das alles schon so lange her und wenn ich an Rune denke und ihn sehen will, dann ist das so, als ob er immer weiter weg ist und ich ihn nicht mehr so umarmen kann. Mama, manchmal habe ich Angst, das er bald ganz weg ist." „Ja, das ist so und das wird auch so sein, Sara", sagt die Mutter. „Und ich glaube, das ist auch ganz gut so ..."

M2.2 Der Maria Magdalena am Grab Jesu

Und Saras Mutter fährt fort: „Bei Maria Magdalena war das auch so, damals, als Jesus starb." „Maria?" Sara blickt die Mama an. „Wer ist das?" „Willst du ihre Geschichte hören?", fragt Mama und Sara nickt und Mama beginnt zu erzählen:

Maria war eine Freundin von Jesus. Lange war sie bei ihm mit all den anderen Freunden und Freundinnen Jesu. Es war wohl so wie bei dir und Rune. Maria fand es schön in seiner Nähe zu sein. Sie spürte, wie gut es tat, wenn er bei ihr war, und er redete von Gott und seiner Liebe zu den Menschen. Maria tat das gut, denn sie hatte in ihrem Leben nicht viel Liebe erfahren. Manchmal war sie ganz traurig gewesen und freute sich gar nicht mehr auf den nächsten Tag. Die Leute sagten dann: „Die Maria ist verrückt. Sieben böse Geister sind in ihr und machen ihr das Leben schwer."

Als Maria Jesus begegnet war, als er mit ihr sprach und sie auch umarmte, da war es ihr gewesen, als ob diese sieben bösen Geister plötzlich verschwanden. Eine nie gekannte Freude war in ihr und jeder neue Tag war schön, den sie mit Jesus und seinen Freunden erlebte.

Aber Jesus starb. Sie hatte das alles miterlebt: Wie sie Jesus gefangen genommen hatten und verurteilten und dann draußen vor den Toren der Stadt an ein Kreuz nagelten. Jesus war tot, sie hatten ihn in ein Grab gelegt wie Rune auch, in ein Grab wie ein Höhle mit einem schweren Stein davor. Jesus war tot und seine Freunde waren weggelaufen.

Maria war sehr traurig, so traurig wie du damals warst, als Rune beerdigt wurde. Wiederhaben wollte sie Jesus, festhalten und umarmen so wie damals, als er noch lebte. Maria ging zum Grab Jesu, so wie wir so oft hier gewesen sind bei Runes Grab. Doch als Maria hingeht zum Grab Jesu, da sieht sie schon von fern, dass der große Stein, der vor Jesu Grab liegt, weggenommen ist. Das Grab ist offen.
Und sie läuft und schaut hinein und die Tränen rinnen ihr über die Wangen, weil sie meint, jemand sei gekommen und habe Jesu Leichnam weggenommen und geraubt. Das macht ihr noch mehr Angst.

Denn stell dir vor, wenn plötzlich Runes Grab nicht mehr da wäre und wir keinen Platz hätten, wo wir die Blumen hinstellen können und uns an Rune erinnern könnten ...

Von wem handelt der Text – von Sara und Rune? von Maria und Jesus?
Unterstreiche die Stellen, wo Saras Mutter die Erzählung durchbricht, um Vergleiche anzustellen.
Nenne Gründe, weshalb Saras Mutter von Maria erzählt.

____

____

____

Maria Magdalena am Grab Jesu (Fortsetzung)

M2.2

So sah eine Grabhöhle aus, zur Zeit Jesu. Mit einem schweren Rollstein war sie verschlossen. Als Maria Jesu Grab besuchen wollte, war der Rollstein zur Seite gerollt – und die Höhle war leer.
Schreib um das Bild herum, was Maria bei ihrer Entdeckung denkt und fühlt.

Lies in der Bibel Markus 16, Verse 1–8; notiere in Stichworten den Gang der Handlung, und was dir besonders auffällt:

M2.2 Maria Magdalena am Grab Jesu (Fortsetzung)

Maria ist jetzt noch trauriger als zuvor. Wie ein Mensch, der sich entsetzt von etwas Schrecklichem abwendet, dreht sie sich um. Da steht jemand hinter ihr. Ein Mann. Der fragt sie: „Warum weinst du so?" Den hält sie für den Friedhofsgärtner und sie fragt: „Jesus suche ich. Dies ist sein Grab. Aber das Grab ist leer. Hast du ihn etwa weggetragen, dann sage mir, wo du ihn hingelegt hast, damit ich ihn holen kann." Da sagt der Mann: „Maria!" Und Maria erschrickt noch einmal. Das war die Stimme und der Tonfall Jesu, wenn er sie rief, damals, als Jesus noch bei ihr war. Und sie ruft: „Jesus, mein Meister." So wie sie ihn nannten, als er noch bei ihnen war. Und sie will ihm entgegenlaufen und ihn umarmen und küssen, so wie sie es damals tat. Aber Jesus sagt: „Nein, rühr mich nicht an. Du kannst mich nicht festhalten, auch wenn du das gern möchtest. Denn ich kann nicht mehr bei dir sein, wie es früher war. Bei Gott werde ich sein, bei Gott, der mein Vater ist und auch euer Vater. Geh zu meinen Freunden und Freundinnen und sag ihnen allen das, was ich dir gesagt habe."

Und Maria geht, geht weg vom Grab. Und wie sie weggeht, da spürt sie, wie das traurige Gefühl in ihrem Herzen weicht. Und irgendwie ist sie voller Freude. Sie war zum Grab gekommen, um Jesus nicht zu vergessen, ja, festhalten wollte sie ihn wie man einen Menschen festhalten kann, wie damals, als Jesus lebte. Das weiß Maria jetzt: Den Toten kann sie nicht mehr zurückholen. Aber das will sie jetzt auch gar nicht mehr. Denn Jesus ist bei Gott, seinem Vater. Und Gott ist unser Vater. Und das ist gut. Und das sagt sie den Freunden und Freunden Jesu. Und die freuen sich mit ihr. Denn nun wissen sie, wie das Leben weitergehen kann: Jesus ist unser Bruder, Gott ist unser aller Vater. Und wie Jesus, unser Bruder, uns geliebt, so dürfen wir nun lieben und leben als Brüder und Schwestern Jesu.

Während Mama erzählte, hat Sara die ganze Zeit auf den Stein geschaut auf Runes Grab. R-U-N-E hatte sie immer wieder gelesen. „Ja, Rune und Sara – wie Geschwister sind wir gewesen", denkt Sara. „Rune ist wie mein Bruder – auch jetzt noch, wo er nicht mehr da ist."

„Mama", sagt sie zögernd, ... – *Schreibe die Geschichte zu Ende:*

Der Tod im Buddhismus: Nirwana

M3

Zum Buddhismus bekennen sich etwa 300 Millionen Gläubige, vor allem in Hinterindien, Tibet, China, Japan und Ceylon. Sein Gründer ist Buddha (560 bis 480 v.Chr.), ein indischer Fürstensohn, der sich mit 29 Jahren aus dem weltlichen Leben zurückzog, Frau und Kind verließ und die gelbe Kutte eines Mönches anzog. Er lebte ein Leben der Entsagung und kam so zur Erleuchtung.

Auch der Buddhismus kennt die Vorstellung von der Wiedergeburt. Der Mensch wird so oft wiedergeboren, wie er noch nicht zu einer wirklichen Selbstlosigkeit gefunden hat. Nur so kann er dem Leiden der Welt entfliehen. Ursache allen Leidens in der Welt ist nach der Lehre Buddhas die Lebensgier. Heilung kann also nur durch Entsagung erfolgen. Nur der wunschlose Mensch, der nichts mehr will, weder Himmel noch Erde, weder Leben noch Tod, weder Freude noch Leid, wird nichts mehr verlieren können. So ist eben das Nichts die höchste Erlösung, das Nirwana. Sie kann zum Gleichmut, aber auch zur Gleichgültigkeit in diesem Leben führen. So werden bestimmte Haltungen verständlich, wie wir sie bei buddhistischen Gläubigen kennen: Japanische Kamikazeflieger z.B., die sich als lebende Bomber auf feindliche Ziele stürzen, oder vietnamesische Mönche, die sich selbst verbrennen.

Wer erkannt hat, von den Dingen dieser Welt und seinen egoistischen Wünschen abzusehen, der ist erlöst. So ist der Tod, der den Menschen alles wegnimmt, was er krampfhaft festhält, der beste Prediger der Wunschlosigkeit: Er lehrt, loszulassen und darüber gelassen zu werden. Deshalb ist für buddhistische Mönche die Erinnerung des Todes von großer Bedeutung. Sie werden angewiesen, sich auf einem Friedhof oder in einem Grab niederzulassen und über die Asche der Körper, die verbrannt worden sind, und über die Leichen, die dort in verschiedenen Stadien des Verfalls liegen, nachzudenken.

Peter Neysters, Karl Heinz Schmitt, Denn sie werden getröstet werden, München: Kösel-Verlag, 2004, S.122

Schreibe eine Trostkarte an Hinterbliebene eines verstorbenen Buddhisten.

M4 Der Tod im Hinduismus: Der Weltgeist Brahman

Der Hinduismus ist die Religion der Inder, die im ersten Jahrtausend vor Christus aus dem Brahmanismus entstanden ist. Zum Hinduismus bekennen sich heute ungefähr 700 Millionen Menschen. Die Hindus verehren viele Götter, doch gibt es eine höchste Gottheit Brahman, in der alle Götter vereinigt sind. Mit ihm sollen auch alle Menschen vereinigt werden.

Die Hindus glauben, dass sie vorerst so viele Male wiedergeboren werden, bis sie gut genug sind, endlich mit dem Weltgeist – Brahman – eins zu sein. Dann erst sind sie erlöst. Bis dahin werden sie je nach ihrem Lebenswandel nochmals in einem neuen Leben wiedergeboren. Wer gut ist, dem geht's gut, wer schlecht ist, dem geht's schlecht. Die Seele verbessert oder verschlechtert sich im nächsten Leben, je nachdem, wie sie im vorhergehenden Leben gelebt hat.
So glauben die Hindus, dass ihre Seele so lange durch Pflanzen, Tiere und Menschen wandert, bis sie gut genug ist, um endlich bei Gott zu sein. Der Tod ist also eine Station auf dem Weg, ein Durchgangsstadium bis zum endgültigen Einswerden mit dem Weltgeist.

Ein Hindu, der weiß, dass er bald sterben muss, wird – wenn irgend möglich – zur Stadt Benares reisen, um mit dem Wasser des Flusses Ganges seine Sünden abzuwaschen. Er tut das in der Hoffnung, im kommenden Leben zu einem besseren Leben wiedergeboren zu werden. Verstorbene werden am Ganges gleich auf eine Bahre gelegt und zum Verbrennungsplatz getragen. Dort wird ein Scheiterhaufen errichtet und der Körper unbekleidet darauf gelegt: Der Mensch muss die Welt so nackt verlassen, wie er sie betreten hat. Dabei werden Verse aus dem heiligen Buch der Hindus, dem Rigweda, gesprochen:

Seele des Verstorbenen, fahr dahin, zieh deines Weges – des alten Weges – den unsere Vorfahren vor dir gegangen; schau auf zu den beiden Königen, den Mächtigen, Varuna und Yama, die sich erfreuen an Opfergaben; mögest du vereint werden mit den Vätern und den Lohn empfangen für alle deine Opfergaben, die dort oben gehäuft sind. Kehre wieder zurück in deine Heimat; nimm eine herrliche Gestalt an.

Wenn der Leichnam halb oder ganz verbrannt ist, wird sein Schädel gespalten, damit die Seele herausfahren und die Götterwelten erreichen kann. In jedem hinduistischen Haus wird am 8. Tag des Monats mit einem Trankopfer der Verstorbenen gedacht.

Peter Neysters, Karl Heinz Schmitt, Denn sie werden getröstet werden, München: Kösel-Verlag, 2004, S.120–121

Schreibe eine Trostkarte an Hinterbliebene eines verstorbenen Hinduisten.

Der Tod im Islam: Pforte zum Paradies

M5

Der Islam ist die jüngste der großen Weltreligionen und sowohl vom Judentum wie auch vom Christentum beeinflusst. Er geht auf den Propheten Mohammed zurück (569–632 n.Chr.). Zum Islam zählen heute etwa 800 Millionen Gläubige. Er breitet sich zunehmend aus. Das Wort Islam bedeutet „Unterwerfung" – unter Allah, den Gott des Islam. Allah fordert die Erfüllung seiner Gebote. Er richtet die Menschen nach deren Taten.

Wer sein Angesicht Allah hingibt und Gutes tut,
der hat seinen Lohn bei seinem Herrn.
Koran 2, Sure 106

Der Sünder aber wird mangels Verdiensten in die ewige Feuerspein gestoßen. Im Tode zieht Allah das Fazit aus dem Ertrag des Lebens. Für die Beurteilung des Menschen im Weltgericht gilt vor allem die Befolgung der fünf Grundgesetze des Islam. In einem Bild ausgedrückt bedeutet dies: Unser Leben ist der Weg zum Paradies. Wenn wir regelmäßig zu Allah beten, liegt der halbe Weg hinter uns. Wenn wir fasten, kommen wir bis an die Pforte des Paradieses. Wenn wir armen Menschen Almosen geben, wird uns der Eingang geöffnet. Wenn sich der Mensch für seinen Glauben an Allah eingesetzt hat und einmal im Leben zum Heiligtum nach Mekka gepilgert ist, dann wird er nach seinem Tod im Paradies weiterleben. Das Paradies stellen sich die Moslems als einen wunderschönen schattigen Garten vor, in dem ewiger Frühling herrscht. Sie hoffen, von Allah mit ewiger Freude belohnt zu werden. Nach seinem Tod wird der Moslem in ein Grab gelegt – mit dem Gesicht Mekka zugewandt. Derjenige, der in das Grab hinabsteigt, um den Verstorbenen dort zu betten, muss barfuss und barhäuptig sein, seine Kleider aufknöpfen und sprechen:

Im Namen Allahs. Gott gib,
dass dieser Tote mit seinem Propheten vereinigt wird.
Gott, wenn er ein Wohltäter war, vermehre seine Wohltätigkeit,
wenn er schlecht gehandelt hat, vergib ihm, hab Erbarmen mit ihm
und lass ihm seine Sünden nach.

Mit Ausnahme der Märtyrer und anderer, die unmittelbar nach dem Tod ins Paradies eintreten, warten die Toten in ihren Gräbern auf die Auferstehung und das Weltende.

Peter Neysters, Karl Heinz Schmitt, Denn sie werden getröstet werden, München: Kösel-Verlag, 2004, S.129–130

Schreibe eine Trostkarte an Hinterbliebene eines verstorbenen Muslims.

M6 Sterben und Tod im Judentum: Die Toten schlafen fest

Zum Judentum bekennen sich heute etwa 18 Millionen Glaubende. Für den Juden bedeutet der Tod kein endgültiges Scheiden. Deshalb sind die Namen des Todesortes auch keine Bezeichnungen der Trauer und des Endes. Im Gegenteil: Der Friedhof heißt bei den Juden „Haus des Lebens". Manchmal wird er auch „Guter Ort" genannt. Nur in Israel hat sich heute die weltliche Bezeichnung „Ort der Gräber" durchgesetzt. Die Toten „schlafen" im Staub der Erde, bis sie von Gott aufgrund seines großen Erbarmens wiederbelebt werden. Dadurch verliert der Tod – so schmerzlich auch das Sterben eines lieben Menschen empfunden wird – seinen Schrecken. Der Begräbnisort deutet auch auf die kommende Welt und auf die Auferstehung der Toten hin.

Der jüdische Begräbnisort gilt als Ruheplatz des Verstorbenen in der „Weltzeit", d.h. bis zum Kommen des Messias. Während das Christentum als übliche Ruhe- zeit bis zur vollständigen Verwesung der Toten den Zeitraum von 20 bis 25 Jahren akzeptiert, bleibt das jüdische Grab Eigentum des in ihm Ruhenden für alle Zeit. Deshalb darf im Normalfall der jüdische Friedhof nicht verlegt, veräußert oder bebaut werden. Die Ehrfurcht vor dem Tode und den Toten wird nur durch die vor dem Leben und den Lebenden übertroffen. Die letzten Liebesdienste, die die jüdische Gemeinschaft dem Toten erweist, sind die Leichenwäsche und die Begleitung zum Begräbnisort. Die Leiche wird in einen rohen, schmucklosen Holzsarg gelegt, den man sogleich verschließt. Alles, was dem Toten in seinem Leben wichtig war, wird mit dem Toten bestattet. Die Begleitung zum Grab gehört zur heiligen Pflicht des Juden. Wer einen Leichenzug sieht und sich ihm nicht anschließt, lästert im Menschen seinen Schöpfer! Dieser Lehrsatz drückt die Ehrfurcht de Juden gegenüber dem Toten aus.

Peter Neysters, Karl Heinz Schmitt, Denn sie werden getröstet werden, München: Kösel-Verlag, 2004, S.123–124

Schreibe eine Trostkarte an Hinterbliebene eines verstorbenen Juden.

7./8. Klasse

Am Anfang war ...

Verantwortlicher Umgang mit Gottes Schöpfung

Einleitung

Das Thema

Ich glaube an Gott,
den Schöpfer,
der Himmel und Erde gemacht hat.

Wir glauben an den einen Gott,
den Vater, den Allmächtigen,
der alles geschaffen hat,
die sichtbare und die unsichtbare Welt.

Die christlichen Kirchen und Gemeinschaften stellen in den von der alten Kirche übernommenen Glaubensbekenntnissen und ebenso in vielen zeitgenössischen Formulierungen des Inhalts christlichen Glaubens die schöpfungstheologischen Aussagen an den Anfang. Sie stellen damit auf der Grundlage der altkirchlichen, in der Reformation bestätigten Lehraussagen die für den christlichen Glauben unauflösbare Verbindung zwischen theologischen, christologischen und soteriologischen Aussagen her. Für den modernen und postmodernen Menschen erschweren sie damit den Zugang zu biblisch-christlichen Traditionszusammenhängen: Naturwissenschaftliche und religiöse Weltentstehungstheorien scheinen zu konkurrieren.

„An was sollen wir denn nun glauben?" Für Schülerinnen und Schüler ab der 7. Klasse wird die Infragestellung der biblischen Schöpfungsaussagen vor dem Hintergrund ihres zunehmenden naturwissenschaftlichen Wissens oft zum Packende, den christlichen Glauben insgesamt in Frage zu stellen. Der Unterrichtende bemüht sich zwar, herauszustellen, dass naturwissenschaftliche und religiöse Aussagen auf zwei unterschiedlichen Ebenen argumentieren, läuft dabei aber häufig ins Leere, weil naturwissenschaftliches Wissen, an das man glaubt, ebenso zu ethischen Urteilen führt und Handlungsorientierungen erzeugt wie die religiösen Weltentstehungstheorien. Das Wiedererstarken des Kreationismus in fundamentalistischen christlichen Kreisen ist dafür ebenso ein Beleg wie die unterschiedlichen Position in den ethischen Fragen der Biogenetik.

Die biblischen Schöpfungsaussagen, wie sie in den beiden Schöpfungsberichten Genesis 1,1–2,4a und 2,4b–25 entwickelt sind, können deshalb nicht nur im Hinblick auf ihr Gottes- und Weltbild untersucht werden, sondern auch auf die ihnen inhärente Kritik am Handeln des Menschen hin. Denn beide Schöpfungsgeschichten gehören in den Kontext alttestamentlicher Urgeschichten, die als ätiologischer Sagenkranz den Fragen nachgehen: „Warum ist die Welt nicht so, wie sie sein sollte, und wie hat sie Gott eigentlich gewollt?" Die Urgeschichten stellen die Welt und das menschliche Handeln in und mit ihr unter die Perspektive eines *etsi deus daretur*. Der Religionsunterricht wird diese Perspektive von naturwissenschaftlichen Aussagen, die konsequent von einem *etsi deus non daretur* ausgehen, abgrenzen, aber nicht abschotten. „Glauben und Wissen"[4] sollen miteinander ins Gespräch kommen. Damit kann religiöse Bildung, zu der der schulische Religionsunterricht seinen Beitrag leistet, auch die „Befähigung zum Perspektivwechsel"[5] zu ihren Kompetenzen zählen. Exemplarisch kann dies an der Auseinandersetzung mit schöpfungstheologischen Fragestellungen gelingen.

4 Vgl. dazu Jürgen Habermas, Glauben und Wissen. Friedenspreis des deutschen Buchhandels 2001, Frankfurt/M.: Suhrkamp Verlag, 2001.

5 Bernhard Dressler, Unterscheidungen – Religion und Bildung, Forum Theologische Literaturzeitung 18/19, Leipzig: Evangelische Verlagsanstalt, 2006, S.144.

Dazu bedarf es der Beschäftigung mit schöpfungstheologischen Aussagen über die Sekundarstufe I hinweg im Sinne eines Spiralcurriculums. Die gängigen Lehrpläne für den Religionsunterricht für die Sekundarstufe I weisen die Beschäftigung mit schöpfungstheologischen Fragestellungen einerseits der 5./6. Jahrgangsstufe zu mit dem Schwerpunkt der Vertiefung oder des Kenntniserwerbs der biblischen Schöpfungsgeschichten, ihres Entstehungskontexts und des Vergleichs mit Schöpfungsmythen anderer Völker, andererseits der 9./10. Jahrgangstufe mit dem Schwerpunkt des Vergleichs und der Auseinandersetzung mit den dann in dieser Jahrgangsstufe bereits erworbenen naturwissenschaftlichen Kenntnissen.

Die 7./8. Jahrgangsstufe bleibt von der Beschäftigung mit schöpfungstheologischen Fragestellungen zumeist ausgenommen, obwohl gerade im Übergang und Umbruch von der Kindheit zum Jugendalter grundlegende ethische Handlungsperspektiven im verantwortlichen Umgang der Menschen untereinander, mit der Welt und Umwelt wahrgenommen, reflektiert und neu geordnet werden müssen und die Revision des Gottesbildes der Kindheit einer religionspädagogischen Begleitung bedarf. Die folgenden Unterrichtsideen wollen einen Beitrag zu dieser Begleitung leisten. Für dieses Vorhaben erweist sich der Zeichentrickfilm „Am Anfang war..." als *geeignetes Medium.*

Das Medium: Der Zeichentrickfilm „Am Anfang war ..."

Der sechsminütige Film stellt die Weltgeschichte in einer Art Schnelldurchgang da. Gott, dargestellt als alter Mann mit Bart, erschafft die Welt aus dem dunklen Nichts – Sterne, die Erde, Land und Meer, Vegetation, Tiere. Als er nach einem Gang durch das Paradies seiner Schöpfung die Umrissskizzen von Mann und Frau in den Sand zeichnet und ihnen Leben einhaucht, spielt sich in diesen Strichzeichnungen vor seinen Augen die ganze zukünftige Weltgeschichte ab: Der Apfel als Symbol des Sündenfalls, der Brudermord Kains, die Kreuzigung Jesu, Kreuzzüge, Krieg, Umweltverschmutzung und ihre Folgen für Fauna und Flora, schließlich die Vernichtung der Welt durch eine Bombe. Nach diesem Schreckensszenario verwischt Gott schnell die Figuren im Sand, lehnt sich zurück an einen Baum und beendet seine Schöpfung ohne die Erschaffung der Menschen.

Der Film spielt mit Zitaten aus beiden biblischen Schöpfungserzählungen, Kirchengeschichte, Menschheits- und Gegenwartsgeschichte und provoziert damit die Frage, ob die Menschen ihrer in den Schöpfungsaussagen der Bibel übertragenen Verantwortung zum erhaltenden und bewahrenden Umgang mit Gottes Welt gerecht geworden sind. Mit Hilfe der Filmzitate kann vorhandenes biblisches Grundwissen, das im 5./6. Jahrgang erworben wurde, abgerufen und auf die Frage nach verantwortlichem Umgang mit Gottes Welt bezogen werden. Die Darstellung Gottes als weißbärtigem Alten wird dabei nicht nur als retardierendes, sondern auch Widerspruch hervorrufendes Moment wahrgenommen werden.

Materialien

- Am Anfang war, Zeichentrickfilm, Buch, Regie und Produktion: Lutz Stützner – im Vertrieb des FWU Institut für Film und Buch in Wissenschaft und Unterricht gGmbH, Grünwald, 2001
- Bibeln in verschiedenen Ausgaben, Fotokarton, Karteikarten, Papierstreifen in verschiedenen Farben, ggf. Pinnwand und Pinnwandnadeln
- Arbeitsblätter **M1–M3**

Der Film im Unterricht

Didaktischer Leitgedanke

Im Kontext einer Unterrichtseinheit ermöglicht der Film „Am Anfang war", die in der 7./8. Jahrgangsstufe zu erwartenden religionskritischen Impulse reflektiert zur Sprache zu bringen, Kritik am (un-)verantwortlichen Verhalten der Erwachsenen wie der Generation der Vorfahren zu entwickeln und damit sich selbst in Frage zu stellen.

Verlauf

Zum Einstieg werden die ersten drei Minuten des Films (bis zur Zeichnung des Menschenpaares durch Gott) entweder spontan ohne einleitenden Kommentar des Unterrichtenden gezeigt oder mit folgenden Worten eingeleitet:

Wir sehen einen Kurzfilm. Es ist ein Zeichentrickfilm. Im Film geht es um ein Thema, das ihr schon kennt.

Es folgt eine Spontanphase und Sammlung von ersten Schüleräußerungen. Es kann sein, dass bereits an dieser Stelle das retardierende Gottesbild durch die Schülerinnen und Schüler zur Sprache gebracht wird. Der Unterrichtende kann entweder darauf eingehen und in einem Exkurs das Gottesbild zum Thema einer Gesprächsrunde machen oder aber das Thema auf der Tafel notieren, um es für einen späteren Gesprächsgang aufzuheben. Hier geht es zunächst darum, dass die Schülerinnen und Schüler ihre Erinnerungen an die biblischen Schöpfungserzählungen formulieren.

Während dieser ersten Gesprächsrunde oder im Anschluss daran heftet der Unterrichtende die auf DIN A3 vergrößerten vier Szenenbilder von **M1** und **M2** in je eine Ecke der Tafel oder der Pinnwand. Die Schülerinnen und Schüler erhalten je nach Klassensituation verschiedene Bibelausgaben oder die Texte der beiden Schöpfungsberichte auf Arbeitsblättern oder auch nur Teile der Schöpfungsberichte. In arbeitsteiligen Kleingruppen lesen die Schülerinnen und Schüler die Texte und schreiben Sätze oder Satzteile, die sie auf den Szenenbildern wiederentdecken, auf Papierstreifen und heften sie zu den betreffenden Bildern. Im Plenum wird das Ergebnis betrachtet und abschließend durch den Schriftzug „Sieh hin, es ist sehr gut." (Übersetzung von Gen 1,31b in der Bibel in gerechter Sprache) ergänzt. Der Unterrichtende leitet die nächste Erarbeitungsphase ein:

Der Film geht noch einige Minuten weiter. Ich zeige ihn euch noch einmal ganz von vorn bis zum Ende. Achtet besonders darauf, was passiert, nachdem Gott den Menschen das Leben eingehaucht hat. Nach dem Ansehen des Films werden wir nicht sofort darüber sprechen. Ihr bekommt vielmehr einen Arbeitsauftrag, den jeder für sich bearbeitet. Dazu bekommt ihr jetzt schon eine leere Karteikarte.

Der Film wird im Ganzen gezeigt. Die Schülerinnen und Schüler erhalten anschließend den Arbeitsauftrag, eine ihnen wichtige oder auffällige Szene aus den Strichzeichnungen nachzuzeichnen. Die Karteikarten werden anschließend an die Pinnwand wie ein Rahmen um das Gesamtbild der vier Szenenbilder geheftet. Das Gesamtbild wird betrachtet, einzelne Szenen werden kommentiert, ggf. wird die Geschichte von Kain und Abel in der Bibel nachgelesen; der Unterrichtende gibt Informationen zu den Kreuzzügen. Wenn nicht bereits thematisiert, bündelt der Unterrichtende die Gesprächsphase mit dem Hinweis auf den Schriftzug: „Sieh hin, es ist sehr gut! – Stimmt das noch?"

Der Unterrichtende heftet nun **M3 (oberes Bild)** in die Mitte der Tafel/Stellwand und erläutert:

Der Film lässt uns etwas ratlos zurück: Eine Welt ohne Menschen – natürlich wäre das denkbar, aber dann brauchten wir gar nicht darüber nachzudenken, denn es gäbe uns gar nicht. Nun ist aber die Welt voller Menschen. Die Schöpfungsberichte der Bibel meinen sogar, dass Gott die Menschen in ihr gesegnet hat und sie die Welt behüten und bewahren sollen – also verantwortlich mit ihr und miteinander umgehen sollen. Was kann man dafür tun?

Für den weiteren Unterrichtsverlauf bieten sich zwei Alternativen an. Je nach Lerngruppe können sie entweder binnendifferenziert zur Auswahl gestellt oder hintereinander bearbeitet werden:

- Die Schülerinnen und Schüler erhalten **M3 (unteres Bild)** auf DIN A4 vergrößert als Arbeitsblatt und malen eine Szene hinein zum Thema „Eine Welt, in der Menschen gerecht und verantwortlich handeln und leben". Dabei kann vom Unterrichtenden ggf. auf die Strichzeichnungen hingewiesen werden: „Welche Szenen lassen sich im Gegensatz zu diesen Bildern gestalten?" Die Bilder werden anschließend zur Stellwand geheftet, im Plenum betrachtet und kommentiert.
- Die Schülerinnen und Schüler erhalten Papierstreifen in einer anderen Farbe als vorher und schreiben Regeln für ein gerechtes und verantwortliches Zusammenleben in und mit Gottes Schöpfung auf. Die Regeln können beginnen mit „Du kannst...", „Du darfst..." oder „Du sollst..." Die Papierstreifen werden anschließend an passende Stellen auf die Stellwand geheftet, im Plenum betrachtet und kommentiert.
- Die Stellwand kann im Anschluss an die Unterrichtseinheit für eine Zeit einen Platz in Pausenhalle, Aula oder Eingangsbereich der Schule finden oder in der Schulzeitung bzw. auf der schuleigenen Internetseite vorgestellt werden.

M1 Szenenfotos

Szenenfotos

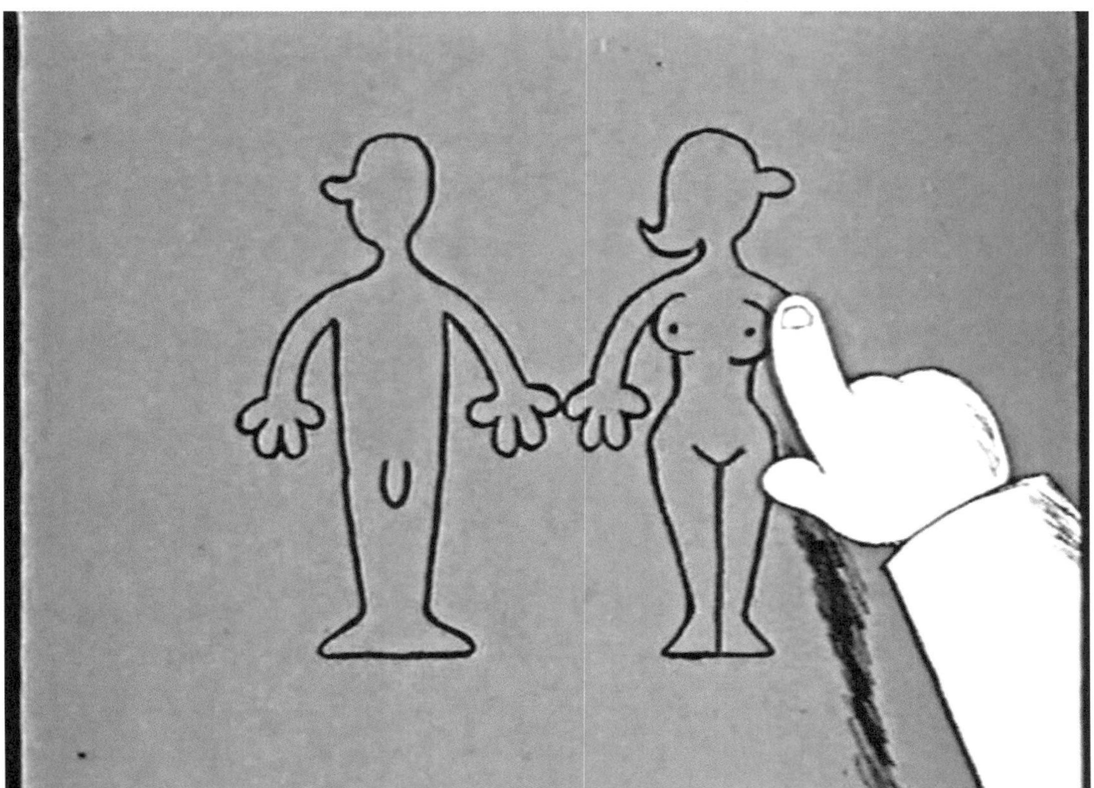

M3 Szenenfotos

7./8. Klasse

Herr im Haus

Kirche in der Nachfolge Jesu Christi?

Einleitung

Das Thema

Das Verhältnis von Schülerinnen und Schülern zu ihrer Kirche beruht zum einen auf den Erwartungen, die sie an die Institution Kirche richten, zum anderen auf den Erfahrungen, die sie bisher mit der Kirche, Kirchengemeinden und ihren Vertreterinnen und Vertretern gemacht haben.

Unter der Überschrift „Was haben die Kirchen Jugendlichen heute zu geben?“[6], thematisiert die 15. Shell Jugendstudie 2006 das Verhältnis Jugendlicher zur Institution Kirche im Hinblick auf die *Erwartungen Jugendlicher an die Kirche.* Das Ergebnis der Umfrage erscheint ambivalent, allerdings mit einem für die Kirchen positiven Trend:

> Während 69% der Jugendlichen im Alter von 12 bis 25 Jahren angeben: „Ich finde es gut, dass es die Kirche gibt", also mehr als zwei Drittel positiv die Existenz der Kirchen befürworten, stimmen nahezu ebenso viele Jugendliche den Aussagen zu: „Die Kirche muss sich ändern, wenn sie eine Zukunft haben will" und „Die Kirche hat keine Antworten auf Fragen, die mich wirklich bewegen." Nur 27% stimmen der Aussage zu: „Von mir aus brauchte es die Kirche nicht mehr zu geben."[7] Dabei korreliert Bejahung und Ablehnung dieser Aussagen mit der Antwort auf die Gottesfrage, dem Glauben an einen persönlichen Gott oder eine höhere Macht.

Während die 13. Shell Jugendstudie 2000 noch eine Entwicklung konstatierte, „die den (christlichen) Kirchen wenig Chancen belässt, unter den derzeitigen Bedingungen und in den bisherigen Formen Einfluss auf die junge Generation zu gewinnen“[9], scheint sich gegenwärtig das Verhältnis der jungen Generation zur Institution Kirche – jenseits von religiösen Massenveranstaltungen wie Kirchentagen und Papstmessen – daran zu orientieren, inwiefern die Kirchen ihnen bei der Beantwortung ihrer aktuellen Lebensfragen behilflich sein können. Solche Lebensfragen entzünden sich an den gegenwärtig ambivalenten Zukunftsaussichten Jugendlicher: Angst vor wirtschaftlicher Verschlechterung und Armut, die Bildung und Ausbildung zur Schlüsselfrage macht und dem Rückhalt in der Familie und Partnerschaft hohe Bedeutung zukommen lässt; aber auch Engagement für soziale und gesellschaftliche Zwecke, damit verbunden ein notwendig toleranter Lebensstil angesichts der Pluralität der Werthaltungen in unserer Gesellschaft, schließlich Wahrnehmung und Wertschätzung der Älteren angesichts der Herausforderungen des demografischen Wandels. Die Shell Jugendstudie resümiert:

> Viel also teilt sich mit von Sorgen um die Zukunft, von bescheidenen Wünschen, von Leistungsstreben, von Familiensinn und Verantwortung. Unbekümmertheit und Unbeschwertheit – nach Definition der Jugendlichen „eigentliche" Kennzeichen der Jugendphase – sind wenig zu spüren.[9]

Die Erwartungen Jugendlicher an die Kirche korrespondieren überraschend eindeutig mit einem theologischen Verständnis von Kirche, das die „Frage nach dem Nutzen der Kirche für die Ge-

6 Deutsche Shell (Hg.), Jugend 2006 – 15. Shell Jugendstudie, Frankfurt/M.: Fischer Taschenbuch Verlag, 2006, S. 216
7 Ebd., S.216–218.
8 Deutsche Shell (Hg.), Jugend 2000 – 13. Shell Jugendstudie, Bd.1, Opladen: Leske und Budrich Verlag, 2000, S. 21.
9 Deutsche Shell (Hg.), Jugend 2006 – 15. Shell Jugendstudie, Frankfurt/M.: Fischer Taschenbuch Verlag, 2006, S. 30

sellschaft und für das Leben des Einzelnen in ihr"[10] stellt. Reiner Preul formuliert in seiner Kirchentheorie:

> Welchen Schaden müsste die Gesellschaft auf Dauer nehmen, wenn die Kirche aus ihr verschwände oder zu einer Schatten- und Winkelexistenz verurteilt wäre? [...] Vielmehr kommt es darauf an, das Bewusstsein zu stärken, dass es für jeden einzelnen und für das gesellschaftliche Ganze gut ist, dass es Kirche bzw. „so etwas wie Kirche" gibt, weil mit ihrem Niedergang auch bestimmte allgemein benötigte Leistungen in Wegfall kämen, Leistungen, die von keiner anderen Instanz in vergleichbarer Weise erbracht werden können.[11]

Demgegenüber werden sich die *Erfahrungen von Jugendlichen mit der Kirche* – vor allem in einer konkreten Lerngruppe – weniger qualitativ und quantitativ fixieren lassen: Sie reichen vom positiven Erleben von Angeboten der Kinder- und Jugendarbeit, Kinderkirche, Jugend- und Familiengottesdiensten der jeweiligen Kirchengemeinden, Kirchentagen und anderen kirchlichen Events über die negativen Erfahrungen mit als langweilig und uninteressant erlebten kirchlichen Veranstaltungen und als Zwang erfahrener Teilnahme an der Konfirmandenarbeit bis hin zur vom Elternhaus geprägten oder bewussten Nichtteilnahme an kirchlichen Angeboten. Nicht ohne Grund nannte einer der Theoretiker der Konfirmandenarbeit das Minimalziel der Konfirmandenarbeit, den Jugendlichen die Kirche nicht zu verleiden. Nicht selten sind es Erfahrungen mit kirchlichen Mitarbeitern, insbesondere das individuelle Bild von Pfarrerinnen und Pfarrern (aus persönlicher Begegnung oder durch die Vermittlung der Medien), die das Kirchenbild von Kindern und Jugendlichen nachhaltig prägen.

Die von Reiner Preul in seiner Kirchentheorie benannten Funktionsbereiche von Kirche (Kirche und Lebensgeschichte, Kirche und Kultur, Kirche und Politik, Kirche und Überlebensprobleme) lassen sich auf die Erwartungen Jugendlicher an Kirche ebenso wie auf ihre Erfahrungen mit Kirche beziehen. Nicht zuletzt wird Kirche auch daran gemessen, ob sie ihrem eigenen Anspruch, Nachfolge-Gemeinschaft Jesu Christi im doppelten Sinne des Begriffs zu sein, gerecht wird. Nicht nur von Jugendlichen wird Kirche danach beurteilt, ob Wort und Tat ebenso zusammenpassen, wie Gemeinschaft und Gottesdienstgestaltung als Lebenshilfe erfahren werden können.

Die folgenden Unterrichtssequenzen bieten keine fertige Ausarbeitung einer Unterrichtseinheit „Kirche". Der *didaktische Leitgedanke* versteht die Unterrichtssequenzen vielmehr als Impuls für Schülerinnen und Schüler, sich mit ihren eigenen Erfahrungen mit Kirche und ihren Vertretern auseinanderzusetzen und Erwartungen an Kirche zu formulieren. Die Unterrichtssequenzen könnten die folgende Auseinandersetzung mit dem Film *Luther – er veränderte die Welt für immer* vorbereiten.

Als *geeignetes Medium,* mit dem dieser didaktische Leitgedanke verfolgt werden kann, erweist sich dabei der Kurzspielfilm *Herr im Haus.*

Das Medium: Der Kurzspielfilm „Herr im Haus"

Der sechsminütige Film zeigt eine Kapelle im Grünen, umgeben von einem Friedhof. Der (katholische) Pfarrer hält „sein" Haus sauber: Er wechselt die Schuhe, als er von der Arbeit auf dem Friedhof kommt, putzt das Abendmahlsgeschirr, wirft einen verträumten Blick auf das Kruzifix am Altar. Diese selbst inszenierte Idylle steht bei jedem, der die Kirche betritt, in Gefahr, zerstört zu werden:

- Eine junge Frau nimmt in der Kirche Platz, anscheinend mit Eheproblemen. Statt sich ihr zuzuwenden, jagt der Pfarrer vielmehr eine Wespe, die sich auf dem Fuß des Gekreuzigten am Kruzifix niedergelassen hat. Währenddessen verlässt die Frau die Kirche.
- Eine alte Frau betritt die Kirche, um eine Kerze zu entzünden. Damit sie die Kirche mit ihren dreckigen Schuhen nicht verunreinigt, schiebt der Pfarrer ihr den Kerzentisch bis direkt vor die Eingangstür.

10 Reiner Preul, Kirchentheorie – Wesen, Gestalt und Funktionen der evangelischen Kirche, Berlin/New York: De Gruyter Verlag, 1997, S.13

11 Ebd., S.13f.

- Ein Bettler, durchnässt und offensichtlich verletzt, sucht bei Regen Unterschlupf in der Kirche. Der Pfarrer schlägt ihm die Tür vor der Nase zu.

Als der Pfarrer schließlich an der Orgel sitzt und den Choral „Näher, mein Gott, zu dir“ anstimmt, schlägt die Kirchentür erneut zu. Überrascht nimmt der Pfarrer Fußspuren im Mittelgang wahr, die aus der Kirche führen: Das Kruzifix auf dem Altar ist leer, der Gekreuzigte hat die Kirche verlassen.

Nicht unwichtig zur Interpretation des Films ist dabei das Wetter: Im Sinne einer Klimax entwickeln sich am zunächst heiteren Himmel immer mehr Wolken, beim Eintritt der alten Frau beginnt es zu regnen und schließlich tobt ein heftiges Gewitter bei der Abweisung des Bettlers. Als der Gekreuzigte die Kirche verlassen hat, herrscht die vermeintliche (Friedhofs-) Idylle vom Anfang.

Jede dieser drei Personen typisiert die Erwartungen, die Menschen an die Kirche und ihre Vertreter haben: seelsorgerliche Beratung und Begleitung in der Lebensgeschichte, Erfahrungen von Spiritualität im Alltag und schließlich diakonische Präsenz. Diesen Erwartungen steht mit dem Pfarrer eine mit sich selbst beschäftigte Kirche gegenüber, die vergessen hat, wer der eigentliche Herr im Haus der Kirche ist. Der Film präsentiert mit bitterer Ironie, was es heißt, wenn die Kirche vergisst, „Kirche für andere“ (Dietrich Bonhoeffer) zu sein, und die Mahnung des matthäischen Endzeitgleichnisses überhört: „Was ihr getan habt einem von diesen meinen geringsten Brüdern, das habt ihr mir getan“ (Mt 25,40). In diesem Sinn ist die Filmhandlung das negative Gegenstück zu Leo Tolstois Erzählung vom Schuster Martin.

„Jesus verkündete das Reich Gottes – gekommen ist die Kirche.“ Dieser vom sogenannten Modernisten Alfred Loisy als Kirchenkritik verstandene Satz sollte hier eine positive Wendung erfahren: Es ist tatsächlich die Kirche, in der und mit der die Botschaft Jesu vom Anbruch des Reiches Gottes gegenwärtig erfahren werden kann.

Aus dem überraschenden Ende des Films ergibt sich die *methodische Grundidee*, den Film in zwei Sequenzen zu präsentieren:

- Zunächst bis zur Abweisung des Bettlers durch den Pfarrer: Die Erwartungen der Menschen, die die Kirche betreten bzw. betreten wollen, werden thematisiert.
- Anschließend wird mit vertiefenden Texten erarbeitet, was sich aus dem eigentlich nicht überraschenden Auszug Christi aus der Kirche ergibt.

Materialien

- Herr im Haus, Kurzspielfilm, Produktion Hamburger Filmwerkstatt e.V., Sören Hüper, Deutschland 2000, s/w – 7 Minuten, im Vertrieb der Katholische Filmwerk GmbH, Frankfurt/Main
- Plakatkarton, dicke Filzstifte, Klebestifte
- Arbeitsblätter **M1–M4**

Der Film im Unterricht

1. Was Menschen von der Kirche erwarten

L zeigt den Film „Herr im Haus“ bis einschließlich der Szene mit dem Bettler. Wenn möglich wird das daran anschließende Außenbild der Kirche als Standbild „eingefroren“. Der eingeblendete Titel des Films „Herr im Haus“ sollte nicht gezeigt werden. Es erfolgt eine spontane und/oder durch L geleitete Filmbeschreibung. Szenenfotos der handelnden Personen (Pfarrer, junge Frau, alte Frau, Bettler) werden an die Tafel gehängt. L fasst zusammen:

> Drei Menschen betreten eine Kirche und jeder begegnet auf seine Weise einem Pfarrer. Wir wollen noch etwas genauer entdecken, was da in der Kirche bei diesen Begegnungen vor sich geht.

Die folgenden Unterrichtsschritte können im Plenum mit einem Tafelbild, aber auch in Kleingruppenarbeit durchgeführt werden. Es entstehen so mehrere Soziogramme der Protagonisten des Films auf Plakatkarton, die anschließend im Plenum präsentiert und ausgewertet werden: Die Kleingruppen skizzieren die Beziehungen, Erwartungen, Handlungen der Personen durch Positionierung der Bilder auf den Plakaten, durch verschiedenfarbige und verschiedenartige Pfeile oder Trennlinien, Sprech- und Gedankenblasen und Kommentare. Jede Kleingruppe erhält dazu einen Plakatkarton und Stifte sowie einen Satz der Standbilder (**M1**).

Der Film wird noch einmal gezeigt und nach jeder der Begegnungen angehalten, damit die Soziogramme entsprechend ergänzt werden können. Deutlich sollte jede Person eine Sprech- oder Gedankenblase bekommen, in der der Satzanfang „Ich will ..." ergänzt wird. Anschließend sagt L:

> Es ist noch eine weitere Person in der Kirche!

Ein Standfoto des Kruzifixes (M1) wird hochgehalten. L sagt:

> Zwischen den Szenen wird immer wieder das Kreuz mit Jesus eingeblendet. Sucht einen Platz für das Kruzifix auf eurem Plakat. Ergänzt Beziehungspfeile. Überlegt: Was könnte sich Jesus bei all dem denken, was da in der Kirche passiert? Ergänzt eine Denkblase.

Anschließend werden die Soziogramme präsentiert und ausgewertet. Den Abschluss bildet ein Gesprächskreis mit der Fragestellung:

> Kennt ihr Menschen, die ähnliche Erwartungen an die Kirche haben, ähnliche Erfahrungen mit Pfarrern und anderen Mitarbeitern der Kirche gemacht haben wie die drei Person im Film? Oder ganz andere?

2. Was Jesus von der Kirche erwartet

L leitet zum nächsten Arbeitsschritt über:

> Der Film hat noch eine Fortsetzung. Überlegt, wie es weitergehen könnte.

Ideen werden gesammelt. Wenn genügt Zeit eingeräumt wird, können die Kleingruppen auch Rollenspiele entwickeln, präsentieren und auswerten.

Das Filmende wird gezeigt mit anschließender Spontanphase und Unterrichtsgespräch mit der Frage: „Warum verlässt Jesus die Kirche?" Die Kleingruppen ergänzen ihre Soziogramme mit dem Standfoto des leeren Kruzifixes (M1), legen Beziehungspfeile, ergänzen eine Sprechblase: „Ich will..."

Anschließend bekommt jede der Kleingruppen einen der drei Texte (M2–4) mit dem Arbeitsauftrag:

> Lest den Text gemeinsam, unterstreicht die Sätze, die mit dem Film und eurer Interpretation auf dem Plakat zusammenhängen. Überlegt gemeinsam, wo diese Sätze auf eurem Plakat Platz finden können und ergänzt sie mit roter oder grüner Schrift.

Anschließend werden die Plakate noch einmal präsentiert und diskutiert.

3. Was die Kirche in der Nachfolge Jesu tun kann

L schreibt den Satz „Jesus verkündete das Reich Gottes – gekommen ist die Kirche" an die Tafel und fordert auf, diesen Satz vor dem Hintergrund des erarbeiteten Films zu diskutieren. Dabei sollte der negativen Interpretation („Die Kirche folgt nicht der Botschaft Jesu") zunächst der gleiche Stellenwert wie der positiven Interpretation („Die Kirche steht in der Nachfolge Jesu") gegeben werden. Ggf. können diese beiden Aussagen auch als Bündelung an der Tafel ergänzt werden:

- Die Kirche folgt nicht der Botschaft Jesu, wenn ...
- Die Kirche folgt der Botschaft Jesu, wenn ...

Erst zum Abschluss wird der Titel des Films „Herr im Haus" genannt und in seiner Doppeldeutigkeit – bezogen auf den Pfarrer oder bezogen auf Jesus Christus – diskutiert: „Wer ist der wahre Herr im Haus der Kirche?"

Das Unterrichtsgespräch leitet die weitere Beschäftigung mit dem Themenfeld Kirche ein: Was macht Kirche heute? Welche Aufgaben hat ein Pfarrer? Welche Bedeutung haben Seelsorge, Gottesdienst und Diakonie im alltäglichen Handeln der Kirche und ihrer Mitglieder?

Hier können sich Expertenbefragungen (Gemeindepfarrerin, kirchlicher Mitarbeiter, Vertreter der Diakonie usw.) oder Unterrichtsgänge (Besuch der Kirche, einer diakonischen Einrichtung, eines synodalen Dienstes) anschließen.

Mit Schülergruppen, die Erfahrungen mit Internetrecherche haben, kann der Text M4 „Christus hat keine Hände" über eine Suchmaschine recherchiert werden unter der Fragestellung: Wer zitiert diese Sätze auf seiner Homepage? (Der Satz taucht auf Webseiten von diakonischen Einrichtungen, Landeskirchen und Kirchengemeinden auf, die damit ihr Selbstverständnis zum Ausdruck bringen!)

Wo die Möglichkeit besteht, kann ein eigenes Filmprojekt – vielleicht über den Religionsunterricht hinaus in einer Arbeitsgemeinschaft – initiiert werden: Die Arbeitsgemeinschaft schreibt ein eigenes Drehbuch, z.B.

- *Herr im Haus 2:* Wie geht die Geschichte weiter? (Der Pfarrer macht sich auf die Suche nach dem „entlaufenen Christus" und trifft dabei auf die drei Personen, denen er in der Kirche gleichgültig oder abweisend begegnet ist. Wird er bei diesen Begegnungen die Chance wahrnehmen, Christus in die Kirche „zurückzuholen"?)
- *Herr im Haus Remake*: Was wäre, wenn der Pfarrer so handelt, wie es sich für eine „Kirche für andere" gehört, die die eigenen Hände zu Händen Christi macht? Der Film wird noch einmal gedreht, der Pfarrer bemüht sich um die Personen, die in die Kirche kommen. Ist er überfordert, braucht er Hilfe, sucht er Mitarbeiter? Welche Rolle spielt dabei das Kruzifix an der Wand (vgl. die Don Camillo-Filme, in denen der Pfarrer immer ein Selbst-Gespräch mit dem Kruzifix führt.)
- *Herr im Haus kommentiert:* Die Filmhandlung kommt ohne Worte aus und bietet damit die Möglichkeit, die Handlung durch einen Sprechtext zu kommentieren, zu kritisieren und zu verfremden.

M1 Filmstreifen

Wenn Menschen im Sinne Jesu handeln ...

M2

Das folgende Gleichnis steht in der Bibel und erzählt vom richtigen und falschen Handeln:

Wenn aber der Menschensohn kommen wird in seiner Herrlichkeit, und alle Engel mit ihm, dann wird er sitzen auf dem Thron seiner Herrlichkeit, und alle Völker werden vor ihm versammelt werden. Und er wird sie voneinander scheiden, wie ein Hirt die Schafe von den Böcken scheidet, und wird die Schafe zu seiner Rechten stellen und die Böcke zur Linken.

> Da wird dann der König sagen zu denen zu seiner Rechten:
> Kommt her, ihr Gesegneten meines Vaters, ererbt das Reich, das euch bereitet ist von Anbeginn der Welt! Denn ich bin hungrig gewesen, und ihr habt mir zu essen gegeben. Ich bin durstig gewesen, und ihr habt mir zu trinken gegeben. Ich bin ein Fremder gewesen, und ihr habt mich aufgenommen. Ich bin nackt gewesen, und ihr habt mich gekleidet. Ich bin krank gewesen, und ihr habt mich besucht. Ich bin im Gefängnis gewesen, und ihr seid zu mir gekommen.
> Dann werden ihm die Gerechten antworten und sagen: Herr, wann haben wir dich hungrig gesehen und haben dir zu essen gegeben, oder durstig und haben dir zu trinken gegeben? Wann haben wir dich als Fremden gesehen und haben dich aufgenommen, oder nackt und haben dich gekleidet? Wann haben wir dich krank oder im Gefängnis gesehen und sind zu dir gekommen?
> Und der König wird antworten und zu ihnen sagen:
> Wahrlich, ich sage euch: Was ihr getan habt einem von diesen meinen geringsten Brüdern, das habt ihr mir getan.

Dann wird er auch sagen zu denen zur Linken: Geht weg von mir, ihr Verfluchten, in das ewige Feuer, das bereitet ist dem Teufel und seinen Engeln! Denn ich bin hungrig gewesen, und ihr habt mir nicht zu essen gegeben. Ich bin durstig gewesen, und ihr habt mir nicht zu trinken gegeben. Ich bin ein Fremder gewesen, und ihr habt mich nicht aufgenommen. Ich bin nackt gewesen, und ihr habt mich nicht gekleidet. Ich bin krank und im Gefängnis gewesen, und ihr habt mich nicht besucht.
Dann werden sie ihm auch antworten und sagen: Herr, wann haben wir dich hungrig oder durstig gesehen oder als Fremden oder nackt oder krank oder im Gefängnis und haben dir nicht gedient?
Dann wird er ihnen antworten und sagen: Wahrlich, ich sage euch: Was ihr nicht getan habt einem von diesen Geringsten, das habt ihr mir auch nicht getan. Und sie werden hingehen: diese zur ewigen Strafe, aber die Gerechten in das ewige Leben.

Mt 25, 31–46

Lest den Text gemeinsam.

Unterstreicht die Sätze, die mit dem Film und eurer Interpretation auf dem Plakat zusammenhängen können.

Überlegt gemeinsam, wo diese Sätze auf eurem Plakat Platz finden können.
Ergänzt diese Sätze mit roter oder grüner Schrift auf eurem Plakat.

M3 Wenn Kirche für andere da ist...

Der folgende Text stammt von Dietrich Bonhoeffer, einem evangelischen Pfarrer, der zum deutschen Widerstand gegen Hitler gehörte. Diesen Text schrieb er 1944 im Gefängnis, wenige Monate vor seiner Hinrichtung:

> Die Kirche ist nur Kirche, wenn sie für andere da ist.
> Um einen Anfang zu machen,
> muss sie alles Eigentum den Notleidenden schenken.
> Die Pfarrer müssen ausschließlich von den freiwilligen Gaben
> der Gemeinden leben, evtl. einen weltlichen Beruf ausüben.
> Sie muss an den weltlichen Aufgaben des menschlichen Gemeinschaftslebens
> teilnehmen, nicht herrschend, sondern helfend und dienend.
> Sie muss Menschen aller Berufe sagen, was ein Leben mit Christus ist,
> was es heißt, „für andere da zu sein".
> Speziell wird unsere Kirche den Lastern der Hybris, der Anbetung der Kraft und des
> Neides und des Illusionismus als den Wurzeln alles Übels entgegentreten müssen.
> Sie wird von Maß, Echtheit, Vertrauen, Treue, Stetigkeit, Geduld,
> Zucht, Demut, Genügsamkeit, Bescheidenheit sprechen müssen.
> Sie wird die Bedeutung des menschlichen „Vorbildes" (das in der Menschheit
> Jesu seinen Ursprung hat und bei Paulus so wichtig ist!) nicht unterschätzen dürfen,
> nicht durch „Begriffe, sondern duch „Vorbild" bekommt ihr Wort Nachdruck
> und Kraft.
>
> Dietrich Bonhoeffer, Widerstand und Ergebung,
> GTB Siebenstern Taschenbuch 1, 1976, S. 193

Lest den Text gemeinsam.

Unterstreicht die Sätze, die mit dem Film und eurer Interpretation auf dem Plakat zusammenhängen können.

Überlegt gemeinsam, wo diese Sätze auf eurem Plakat Platz finden können. Ergänzt diese Sätze mit roter oder grüner Schrift auf eurem Plakat.

Wenn Christus keine Hände hat...

M4

Dieser Text hat ein altes Gebet zur Grundlage und wurde immer wieder ergänzt:

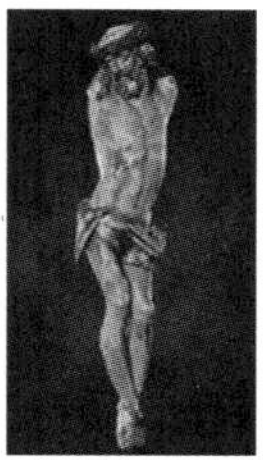

Christus hat keine Hände,
nur unsere Hände,
um seine Arbeit heute zu tun.

Er hat keine Füße,
nur unsere Füße,
um Menschen auf seinen Weg zu führen.

Christus hat keine Lippen,
nur unsere Lippen,
um Menschen von ihm zu erzählen.

Er hat keine Hilfe,
nur unsere Hilfe,
um Menschen an seine Seite zu bringen.

Wir sind die einzige Bibel,
die die Öffentlichkeit noch liest.
Wir sind Gottes Botschaft
in Taten und Worten.

Was aber,
wenn unsere Hände mit anderen Dingen
beschäftigt sind als mit den seinen?

Wenn unsere Füße dahin gehen,
wohin die Sünde zieht?
Wenn unsere Lippen sprechen,
was er verwerfen würde?

Erwarten wir, ihm dienen zu können,
ohne ihm nachzufolgen?

Lest den Text gemeinsam.

Unterstreicht die Sätze, die mit dem Film und eurer Interpretation auf dem Plakat zusammenhängen können.

Überlegt gemeinsam, wo diese Sätze auf eurem Plakat Platz finden können. Ergänzt diese Sätze mit roter oder grüner Schrift auf eurem Plakat.

8./9. Klasse

Martin Luther

Er veränderte die Welt für immer

Einleitung

Das Thema

Das Thema Martin Luther wird in Lehrplänen, Lehrbüchern, Unterrichtsentwürfen und Medien für den Unterricht häufig unter dem didaktischen Leitgedanken der Wissensvermittlung über historische Fakten eines für die gegenwärtige Situation der christlichen Kirche unvergesslichen kirchengeschichtlichen Ereignisses behandelt. Dementsprechend kristallisiert sich die Zielsetzung der Behandlung des Themas im RU oder KU in der Vermittlung von Faktenwissen der Ereignisgeschichte, deren Evaluation nicht selten in einem die Unterrichtseinheit abschließenden Test oder in einer sogenannten Konfirmandenprüfung besteht, in denen u.a. Lebensdaten Martin Luthers, Zahl der Thesen vom 31. Oktober 1517 oder der Text des Liedes „Ein feste Burg ist unser Gott" abgefragt werden.

Solches Faktenwissen hat mit Sicherheit seinen Ort im Hinblick auf die Identität evangelischen Christseins am Beginn des 21. Jahrhunderts, zu dem evangelischer Religionsunterricht wie Konfirmandenarbeit ihren jeweiligen Beitrag leisten. Allerdings besteht unter dieser Zielperspektive die Gefahr eines Historismus, der – Leopold von Rankes berühmter Formulierung entsprechend – nur vermitteln will, „wie es eigentlich gewesen ist", ohne dabei Identifikationsmöglichkeiten zu schaffen, die aus einem *Geschehen an sich* einen *Ablauf von Ereignissen* für mich machen, etwas, das Schülerinnen und Schüler wie Konfirmandinnen und Konfirmanden existenziell angeht.

Demgegenüber versuchen die folgenden Unterrichtssequenzen und -ideen, weniger eine Ereignisgeschichte der Reformation in den Mittelpunkt zu stellen als vielmehr Personengeschichten in der Reformationszeit nachzugehen. *Didaktischer Leitgedanke* ist es, durch die Auseinandersetzung mit Personen Identifizierungsmöglichkeiten zu schaffen ebenso wie Möglichkeiten der Distanzierung und Differenzierung, die Möglichkeit, eine Sache aus unterschiedlichen Perspektiven wahrzunehmen.

Das Medium

Der Film „Luther – Er veränderte die Welt" erweist sich dabei als *geeignetes Medium,* insofern er die Veränderung der Welt, die sich durch die Ereignisse der Reformation ergeben hat, an der Veränderung des Lebens Einzelner exemplarisch aufweist. Der Film hat keinen dokumentarischen Charakter. Ereignisgeschichte wird lediglich zum Hintergrund einer Personengeschichte. Zu diesen Personen gehören neben Martin Luther der sächsische Kurfürst Friedrich der Weise, Papst Leo X., die päpstlichen Vertrauten Cajetan und Aleander, Karlstadt, Tetzel und die nicht historischen Personen Hanna, ihr behindertes Kind Grete, der Zimmermann Otto und sein schwermütiger Sohn Thomas.

Ein solcher Zugang über Personengeschichten ermöglicht natürlich auch Aneignung von Faktenwissen, verzichtet aber auf das Spiel mit Zahlen und Daten. Ein solches Vorgehen trägt auch der Tatsache Rechnung, dass einige historische Fakten (z.B. die historisch nicht belegte Begegnung Luthers mit Friedrich dem Weisen, die Datierung des Bauernkriegs) aus dramaturgischen Gründen im Film unrichtig dargestellt werden. Reformationsgeschichte wird vielmehr aus der Perspektive von Personen erlebt, so dass die Veränderungen, die sich aus Luthers reformatorischen Grundeinsichten ergeben, spürbar werden. Wer im Film lange und prägnante Zitate aus Luthers Werken erwartet, sucht allerdings vergebens. Seine theologischen Grundeinsichten werden im Film elementarisiert bzw. reduziert auf Luthers Suche nach dem barmherzigen Gott. Im Eingangskapitel des Films im Gespräch mit von

Staupitz wird diese Suche eröffnet und kommt im vorletzten Kapitel zum Ziel, als Luther Kindern das Gleichnis vom barmherzigen Vater (Verlorenen Sohn) aus Lukas 15 erzählt.

Der Einsatz des Mediums Film in Spielfilmlänge eignet sich nur bedingt für den schulischen Unterricht wie für die Konfirmandenarbeit. Der Einsatz im Unterricht muss über das bloße Anschauen des Films hinausgehen. Den Unterrichtssequenzen und -ideen liegt deshalb die *methodische Grundidee* zugrunde, den Film in Abschnitten zu präsentieren, gerahmt von entsprechenden Vor- und Nachbereitungen. Der Idee, Zugänge zu Personengeschichten als Identifikationsmöglichkeiten zu schaffen, wird dadurch Rechnung getragen, dass die Unterrichtseinheit durch ein Personentagebuch als Leitmedium begleitet wird. In diesem Personentagebuch, das jeder Schüler/jede Schülerin für sich führt, werden im Laufe der Unterrichtseinheit Notizen und eigene Gedanken zu den Personen und ihren lebensgeschichtlichen Veränderungen notiert. Wie ein richtiges Tagebuch ist dieses Personentagebuch eine persönliche Angelegenheit, didaktisch dient es der Selbstevaluation der Schülerinnen und Schüler.

Demgemäß verbietet es sich, das Tagebuch zur Leistungsbewertung durch die Lehrkraft heranzuziehen. Eine Fremdevaluation kann stattdessen erfolgen durch

- abschließende Vorbereitung und Durchführung einer schulinternen/gemeindeinternen Filmvorführung mit Gestaltung eigener Filmplakate;
- Schreiben von Filmkritiken für die Schülerzeitung/Gemeindebrief;
- eine Podiumsdiskussion, zu der ggf. Vertreter und Vertreterinnen der Konfessionen vor Ort eingeladen werden.

Darin eingebunden könnte sich dann z.B. eine anonym geführte Präsentation von Personentagebuch-Eintragungen ergeben oder es kann eine entsprechende Internetpräsentation erarbeitet werden.

Die Unterrichtssequenzen eignen sich für den Einsatz ab Klassenstufe 8. Dies entspricht der Freigabe des Films ab 12 Jahren gemäß §14 JuSchG FSK.

Filmüberblick

Kap.	Beschreibung	Zeit (min)
1	**Luther als Mönch** Vorspann, Gelübde Luthers im Gewitter, erste Messe, Begegnung mit dem Vater. In der Klosterzelle: Luthers Glaubenszweifel, Gespräch mit v. Staupitz: Luthers Frage nach dem barmherzigen Gott. Luther in Rom: Leben in Rom, Papst Leo X. in goldener Rüstung, Reliquienverehrung, Ablasshandel.	10:56
2	**Luther entdeckt den gnädigen Gott** Gespräch mit v. Staupitz über die Romreise, v. Staupitz rät Luther, das Neue Testament zu lesen, Entsendung Luthers an die Universität Wittenberg. **Leben in Wittenberg** Erste Begegnung mit Hanna (Holzkauf bei Hanna), dem Zimmermann Otto und seinem Sohn; Vorlesung bei Karlstadt über den Lehrsatz: „extra ecclesia nulla salus“; Diskussion über das Papsttum zwischen Luther und Karlstadt. **In der Klosterzelle: Luthers Glaubenszweifel** Beerdigung des Sohnes von Otto, der Selbstmord begangen hat (Luther: „Gott muss Barmherzigkeit sein“); Predigt Luthers über den barmherzigen Gott; zweite Begegnung mit Hanna und ihrem Kind beim Empfang des Abendmahls.	9:56

Kap.	Beschreibung	Zeit (min)
3	**Luthers Kritik an der kirchlichen Praxis** Vorlesung Luthers, Gespräch über den Ablass, Mysterienspiel zum Jüngsten Gericht. Gespräch zwischen Luther und Spalatin, dem Sekretär des Kurfürsten Friedrich des Weisen, über die Reliquiensammlung des Kurfürsten, mit der Friedrich u.a. den Lehrstuhl Luthers bezahlt. Gespräch Friedrich – Lucas Cranach: „Ist Luther für Überredungen empfänglich?" **In Rom** Gespräch zwischen Cajetan und Aleander. Audienz bei Papst Leo X.: päpstliche Politik, Ablass für den Bau des Petersdoms.	8:35
4	**Der Ablassprediger Tetzel** In Jüterborg: Ablasspredigt Tetzels auf dem Marktplatz; Hanna und ihr Kind hören die Predigt; Ablasspredigt Tetzels in der Kirche zu Jüterborg; Hanna kauft einen Ablassbrief für ihr Kind. **In Wittenberg** Hanna zeigt Luther den Ablassbrief, Luthers Thesenanschlag, Zitate aus den Thesen, Verbreitung der Thesen durch Drucklegung, Tetzels Ablasshandel stagniert.	8:37
5	**Der Ketzerprozess beginnt** Bannandrohung des Papstes; Luther predigt gegen den Ablass; vierte Begegnung Luthers mit Hanna und dem Kind mit Krücken. Luther in Augsburg: Gespräch mit v. Staupitz und Aleander.	9:30
6	**Luther weigert sich, zu widerrufen** Gespräch mit Cajetan, Schrift steht höher als Papst; v. Staupitz entlässt Luther aus dem Augustinerorden.	4:52
7	**Der Ketzerprozess und die Politik** Gespräch Friedrich – Spalatin. Friedrich entscheidet sich für Luthers Seite. Gespräch Leo X., Cajetan und Aleander; Leo X. versucht Friedrich mit einem Reliquiengeschenk zu bestechen, auf Anordnung Friedrichs wird sein Reliquienschatz abgeräumt.	5:36
8	**Luthers Ausschluss aus der katholischen Kirche** Leo X. bei der Wildschweinjagd, Bannbulle (Zitat aus der Bannbulle); Verbrennung von Luthers Schriften, im Gegenzug Verbrennung der Bannbulle. (Historisch handelt es sich um die sog. „Bann-Androhungsbulle", die spätere Bannbulle spielt für die Ereignisse keine Rolle mehr). Gespräch zwischen Kaiser Karl V., Friedrich und Aleander: Verabredung Luther auf dem Reichstag zu Worms zu verhören. Freies Geleit für Luther nach Worms, Begrüßung Luthers in Worms durch das Volk.	5:47

Kap.	Beschreibung	Zeit (min)
9	**Luther in Worms** Gespräch zwischen v. Staupitz und Luther. Anklage durch Johannes Eck – Luther erbittet Bedenkzeit – Luthers Glaubenszweifel in der Zelle bei Nacht – zweiter Verhandlungstag – Luther steht zu seinen Schriften – Auseinandersetzung mit Aleander – Luther widerruft nicht („Hier stehe ich, ich kann nicht anders!") – Demonstration des Volkes für Luther, Luthers „Entführung".	15:47
10	**Luther auf der Wartburg** Luther als Junker Jörg auf der Wartburg, Gespräche mit Spalatin. Karlstadt in Wittenberg („Bereitet euch vor auf das große Gleichmachen"), Bildersturm in Wittenberg, Luther übersetzt auf der Wartburg die Bibel bzw. das Neue Testament.	2:39
11	**Der Bauernkrieg** Bildersturm in Wittenberg, Luthers Rückkehr – Vertreibung Karlstadts. **Die Folgen des Bauernkriegs** (falsche Datierung!) Gespräch Friedrich – Spalatin, Luther vor brennender Kirche und Leichenbergen, Gespräch mit Spalatin, Luther entdeckt die tote Hanna und ihr Kind.	9:29
12	**Luthers Heirat** Katharina von Bora bittet nach Flucht aus dem Kloster Luther um Hilfe; Luther bei Friedrich, Übergabe der Bibelübersetzung (nicht historisch!); Luther und Katharina auf einem Fest, Luther gibt Katharina das Eheversprechen. Beim Tod Papst Leos X. in Rom: Gespräch Cajetan – Aleander über die Zukunft der Kirche. Hochzeit zwischen Luther und Katharina von Bora.	9:08
13	**Auf dem Weg nach Augsburg** Einberufung des Reichstages nach Augsburg; Gespräch Aleander – Karl V., Gespräch Luthers mit den deutschen Fürsten auf der Coburg. Luther, Katharina und Kinder in einem Wald, Luther erzählt den Kindern das Gleichnis vom barmherzigen Vater.	3:57
14	**Das Augsburger Bekenntnis** Der Reichstag in Augsburg, Protest der ev. Reichsstände, Übergabe der Confessio Augustana durch Philipp Melanchthon. Luther und Katharina erhalten die Nachricht aus Augsburg durch Melanchthon. Nachspann mit Text (s.u.)	4:37

Materialien

- Film: Luther – er veränderte die Welt für immer, Matthias-Film, 2003
- Filmplakat: als pdf-File herunterladbar unter: http://www.luther-der-film.de/seiten/schule.htm (auf DIN A3 oder auf OHP-Folie kopieren)
- Kinotrailer: als mpg-File herunterladbar unter: http://www.luther-derfilm.de (als DVD brennen oder über ein Notebook abspielen)
- Arbeitsblätter **M1–M7**

Der Film im Unterricht

1. Wer ist Luther? – Zweifler, Ketzer oder Reformator

Didaktischer Leitgedanke

Erfahrungsgemäß bildet das Vorwissen der Schülerinnen und Schüler zur Person Martin Luthers, zum Film und zu weiteren Informationen zur Reformationsgeschichte ein weites Spektrum vom Nichtwissen bis hin zur konkreten Kenntnis des Films. Darüberhinaus wird das Thema Martin Luther in Klassen, in denen gemischt konfessionell unterrichtet wird, zum Kontroversthema. Die Einführungsstunde ruft deshalb zunächst Vorwissen, Einstellungen und Haltungen gegenüber dem Unterrichtsthema ab und erläutert das Unterrichtsvorhaben.

Verlauf

L eröffnet die Stunde mit dem Aufhängen des Filmplakats an der Tafel. Wo es eingeübt ist, kann allein dieser optische Impuls ein Unterrichtsgespräch initiieren sowie zu einer Brainstormingphase überleiten, deren Ergebnisse in Stichworten um das Plakat herum gesammelt werden. Die Ergebnisse können thematisch sortiert werden: Stichworte zum Film, Stichworte zur Person Martin Luthers und zur Reformationszeit.

Gelenkstelle: L sagt:

> Wir haben mit Hilfe des Plakats schon einiges über Martin Luther und den Film zusammengetragen. Wir können noch ein wenig mehr über Martin Luther und den Film erfahren ...

L zeigt den Kinotrailer des Lutherfilms. Erste Eindrücke werden gesammelt. Ggf. kann der Trailer ein zweites Mal gezeigt werden und/oder der Text des Sprechers über das Filmplakat gesetzt werden:

> In einer Zeit der Dunkelheit,
> in der Kirche und Staat Furcht und Schrecken verbreiten,
> steht ein Mann fest zu seinem Glauben
> – Luther –
> Er ist der Funke, an dem sich die Welt entzündet
> – Luther –
> Er veränderte die Welt für immer!

Dazu können die drei Begriffe, mit denen Luther im Trailer benannt wird – *Zweifler, Ketzer, Reformator* – um das Plakat geschrieben werden und das Brainstorming ergänzen. Die Stichworte an der Tafel werden durch Äußerungen der Schülerinnen und Schüler ergänzt. Wenn nicht schon durch die Stichworte des Brainstormings erreicht, werden einige Sachinformationen zum Themenfeld Martin Luther und Reformation durch den Unterrichtenden ergänzt. Eine Lehrerinformation erläutert abschließend das Arbeitsvorhaben:

> Wir wollen uns in den nächsten Stunden mit dem Film und seinem Thema auseinandersetzen. Dazu werden wir den Film in Abschnitten sehen. Wir wollen vor allem der Frage nachgehen, welche Veränderungen durch Martin Luther erfolgt sind. Dazu wollen wir vor allem auf die Menschen achten, die im Film dargestellt werden, und ihre Veränderungen beobachten. Damit unsere Beobachtungen nicht verloren gehen, führt jeder von euch ein Personentagebuch.

L erläutert, dass das Personentagebuch wie ein richtiges Tagebuch eine persönliche Angelegenheit ist, in die jeder/jede persönliche Gedanken aufschreiben kann. Nach Absprache können Eintragungen zusammen mit einem Partner/einer Partnerin erfolgen.

L verteilt **M1** und **M2**.

Ergebnissicherung. Als erste Seite des Personentagebuches wird das Filmplakat aus **M2** ausgeschnitten, auf ein DIN-A4-Blatt geklebt und mit dem Tafelbild ergänzt.

Hausaufgabe. Anlegen des Personentagebuches in einer Ringbuchmappe mit je einer Seite für jede Person (Die Personeninformation jeweils rechts oben einkleben).

Weiterführende Hinweise

Wer mit seinen Schülerinnen und Schülern im Sinne einer Vertiefung von historischem Sachwissen - ggf. auch fächerverbindend mit dem Geschichtsunterricht - weitere Informationen zu den Personen erarbeiten möchte, kann jeweils dann, wenn sie in der Filmsequenz neu auftauchen, auf folgende Internetseiten zurückgreifen: www.luther.de, www.luther-der-film.de/seiten/schule.htm und www.schulreferat-herford.de (dort steht im Downloadbereich zu jeder Person eine Kurzbiografie für Schülerinnen und Schüler und eine längere Biografie als Information für Unterrichtende bereit.)

2. Wer ist Gott? – Zahlmeister oder Barmherzigkeit

Filmbeschreibung und -interpretation

Die Kapitel 1 und 2 des Films sind antithetisch aufgebaut:

- Kapitel 1 präsentiert die Welt des Spätmittelalters aus der Sicht der Kirche: Um richtig Christ zu sein, geht man ins Kloster, wird Priester, der Vollzug der Messe mit Eucharistie steht im Mittelpunkt kirchlichen Lebens. Demgegenüber ist das Papsttum verweltlicht, Reliquienverehrung und Ablass missbrauchen die Furcht des Menschen für finanzielle Interessen der Kirche. Das zentrale Buch der Christenheit, die Bibel, ist demgegenüber in Vergessenheit geraten.

  Der Mensch wird von der Kirche vereinnahmt, der Mensch ist für die Kirche da, ist Objekt kirchlichen Handelns: Der Mensch bezahlt für Gottes Gnade mit seinem Leben (der Weg ins Kloster) oder mit barer Münze (Reliquien, Ablass).

- Kapitel 2 stellt im Gegenüber dazu zentral das Leben auf der Straße vor: Exemplarisch werden Hanna und ihre kranke Tochter vorgestellt. Hanna sichert ihren Lebensunterhalt durch Verkauf von Holz. Das zweite Beispiel ist der Zimmermann Otto, der angesichts neuer Steuereinnahmen der Kirche um seine und seiner Familie Existenz fürchtet. Demgegenüber untermauert die Kirche ihre Stellung durch ihren Lehrsatz von der Heilsanstalt: „extra ecclesia nulla salus“ (außerhalb der Kirche gibt es kein Heil), wie es Karlstadt in einer Vorlesung seinen Studenten weitergibt.

Mit der für damalige Verhältnisse unerlaubten Beerdigung des Selbstmörders macht Luther seine Position deutlich: *Die Kirche muss sich der Lebensnöte der Menschen annehmen, die Kirche ist für den Menschen da.*

Eingebettet in diese ersten beiden Kapitel setzt der Film das Lebensthema Martin Luthers, die Frage nach dem gerechten bzw. barmherzigen Gott, in Szene. Im ersten Gespräch mit von Staupitz antwortet Luther: „Ich suche einen barmherzigen Gott, einen Gott, den ich lieben kann und der mich liebt!“ Bei der Beerdigung des Sohnes des Zimmermanns Otto, der Selbstmord begangen hat, sagt Luther: „Gott muss Barmherzigkeit sein!“

Didaktischer Leitgedanke

Die ersten beiden Kapitel des Films zeichnen die Veränderung, die Luther initiiert, implizit als Veränderung des Gottesbildes nach: Deutlich wird, wie offizielles kirchliches Handeln einerseits und Luthers Handeln andererseits vom jeweiligen Gottesbild bestimmt werden. Gelübdeeinlösung, Reliquienverehrung und Ablasshandel zeichnen Gott als berechnenden Zahlmeister, Luther demgegenüber schwebt das Bild der Barmherzigkeit vor. Dementsprechend ist offizielles kirchliches Handeln geprägt von dem Gedanken: Der Mensch ist für die Kirche da (= Der Mensch wird von der Kirche zur Kasse gebeten), während Luthers Handeln motiviert ist durch die Einsicht: Die Kirche ist für die Menschen da, auch dort, wo sie sich scheinbar gegen Gott (Selbstmord) stellen. Die Unterrichtssequenz versucht, diese Veränderung im Gottesbild und Handeln nachzuzeichnen. Erste Schritte der Veränderungen können im Personentagebuch nachgezeichnet werden.

Verlauf

Die Darbietung der Filmkapitel 1 und 2 teilt diese Unterrichtssequenz in zwei Teile, für deren Durchführung je nach Vertiefung ein oder zwei Unterrichtsstunden anzusetzen sind.

L heftet ein Bild von Luther als Mönch (Bild aus M2 vergrößert) an die Tafel:

> Wir werden heute damit beginnen, den Film anzuschauen, und dabei einiges über Luther, seine Mitmenschen und die Welt, in der er lebt, erfahren. Wir sehen zunächst etwa 12 Minuten des Films. Wie in einem Zeitraffer werden in diesen wenigen Minuten einige Lebensjahre Martin Luthers zusammengefasst. Zweimal taucht ein Mann auf, der in Luthers Leben noch eine bedeutende Rolle spielen wird. Er heißt Johann von Staupitz (Bild aus M1), der Luther eine wichtige Frage stellt: „Martin, was suchst du?" Achtet darauf, welche Antwort Martin Luther ihm gibt.

Die Frage wird unter das Bild von v. Staupitz geschrieben. Der Film, Kapitel 1, wird gezeigt. Anschließend Spontanphase, vielleicht wird auch die Antwort auf die Beobachtungsaufgaben bereits genannt. Zur Unterstützung können auch entsprechende Szenenbilder gezeigt werden (Szenenbilder lassen sich z.B. mit Hilfe der Snapshot-Funktion eines DVD-Players für den PC erstellen).

Unter der Fragestellung, ob Martin Luther im Kloster oder in Rom bei seiner Suche nach dem barmherzigen Gott Erfolg hat, werden die Sachverhalte Kloster, Messe, Papst Leo X., Reliquienverehrung, Ablasshandel thematisiert (Arbeitsblatt M3).

Bündelung des ersten Unterrichtsschritts. L schreibt an die Tafel: „Und Gott ist wie...?" Im Unterrichtsgespräch wird entwickelt, welches Bild von Gott sich hinter diesen Sachverhalten verbirgt. L sagt:

> Was haben Menschen für ein Bild von Gott im Kopf, wenn sie Reliquien verehren, Ablassbriefe verkaufen oder kaufen, sich als „Stellvertreter Christi" präsentieren usw.?

Verschiedene Antworten werden diskutiert. Es ist zu erwarten, dass Antworten entsprechend dem Bild vom Zahlmeister genannt werden. Die von der Klasse akzeptierten Antworten werden den Szenenbildern zugeordnet.

Ergebnissicherung: Erster Tagebucheintrag bei der Person Martin Luther und/oder Johann von Staupitz, Leo X. als Einzelarbeit oder Hausaufgabe.

Weiter in der nächsten Stunde; der Lehrer gibt etwa folgenden Impuls:

> Auf seiner Suche war Martin Luther im Kloster und in Rom bisher nicht erfolgreich. Wir wollen sehen, ob er in Wittenberg Erfolg hat. Er trifft dort auf Leute von der Straße, nämlich Hanna und ihr krankes Kind, und den Zimmermann Otto mit seiner Familie. Achtet genau darauf, was diese Leute durch die Begegnung mit Luther erfahren. Dazu kommt noch ein Mann mit Namen Karlstadt, ein Professor in Wittenberg, der ebenfalls noch eine Rolle im Leben Luthers spielen wird. Ihr habt alle drei Personen in eurem Personentagebuch.

Die Bilder der Personen (aus M1) werden ggf. an die Tafel geheftet. Die Beobachtungsaufgabe kann durch den Sachtext M4 vorbereitet oder im Anschluss vertieft werden. Dann wird Kapitel 2 des Films gezeigt. Nach einer Spontanphase stellt L die Frage:

> Hatte Luther bei seiner Suche nach Gott in Wittenberg Erfolg?

Die Antwort Luthers wird an die Tafel unter das Lutherbild geschrieben: „Gott muss Barmherzigkeit sein!" Im Unterrichtsgespräch wird an den Personen Hanna, Otto und Karlstadt erarbeitet, welche Auswirkungen Luthers Einsicht auf das Leben der drei Personen hat. Ergebnisse werden an der Tafel gesichert.

Ergebnissicherung: Tagebucheintragungen bei Luther, Hanna, Otto, v. Staupitz.

3. Was hilft aus der Lebensnot? – Ablassbriefe oder Krücken

Filmbeschreibung und -interpretation

Die Kapitel 3 bis 5 sind wiederum antithetisch aufgebaut: Luthers Kritik an der Ablasspraxis der Kirche in Kap. 3, die Auswirkungen der Ablasspredigt Tetzels in Kap. 4 und die Folgen der Kritik Luthers mit der Bannandrohung in Kap. 5.

Das Kapitel 3 beginnt mit einer Predigt und einer Vorlesung Martin Luthers, in denen seine Grundansicht vom barmherzigen Gott vertieft und erste Kritik am Ablass geäußert wird. Vor dem Hintergrund eines mittelalterlichen Mysterienspiels zum Jüngsten Gericht, das volkstümlich die Vorstellung vom Fegefeuer darstellt, findet ein Gespräch zwischen Luther und Spalatin, dem Sekretär des Kurfürsten Friedrich des Weisen, statt. Im Gespräch werden einerseits die politischen Zwänge deutlich, unter denen Luther steht (der Kurfürst finanziert seinen Lehrstuhl), andererseits die theologischen Zwänge (der Kurfürst selbst besitzt eine große Reliquiensammlung und verdient daran durch Eintrittsgelder). Zum Abschluss dieses Kapitels tritt zum ersten Mal Friedrich der Weise – im Gespräch mit Lucas Cranach – auf: Er fragt:„Ist Luther für Überredungen empfänglich?“ Darauf Cranach: „Er ist so fügsam wie ein Esel!“

Anschließend findet ein Ortswechsel nach Rom statt: Zwischen Cajetan, Aleander und Papst Leo X. wird der Ablasshandel zur Finanzierung des Baus des Petersdoms beraten und beschlossen. Die Auswirkungen des Beschlusses werden in Kap. 3 mit dem Ablasshandel Tetzels auf dem Marktplatz und in der Kirche in Jüterborg dargestellt. Mit dem Thesenanschlag Luthers stagniert der Ablasshandel. Es folgt in Kap. 3 die Bannandrohung.

Darin – wie ein roter Faden – die Spielhandlung mit Hanna und ihrem Kind. Luther mit Hanna beim Abendmahl: Nicht er schenkt ihr die Hostie, sondern das Kind schenkt ihm eine Schale mit Beeren. Nicht die Kirche schenkt, sondern sie wird beschenkt.

Antithetisch dazu der Auftritt Tetzels auf dem Marktplatz und in der Kirche. Tetzel sagt: „Heute Abend schickt euch der Papst, der Stellvertreter Christi, ein großes Geschenk, ein Geschenk, das euch vor solchen Flammen bewahren soll, einen besonderen Ablass zum Bau der Kirche des heiligen Petrus in Rom ... Lege einen Stein für St. Petri und du legst einen Stein für dein eigenes Seelenheil im Himmel ... Wie? Mit diesem Ablass ... Suchet den Herrn, solange er nahe ist. Dies ist euer Floß. Klammert euch daran fest.“ Tetzel predigt in der Kirche: „Im Himmel steht eine Schatztruhe ... Diese Schatztruhe steht euch heute Abend offen ... Wenn das Geld im Kasten klingt, die Seele aus dem Fegefeuer springt (zu Hanna gesprochen) ... Gute Mutter, wenn die Zeit kommt, liegt es an dir, ob dein verkrüppeltes Kind zu Jesus laufen kann ...“ Hanna kauft darauf hin einen Ablassbrief für Grete, ihre Tochter.

Hanna zeigt Luther den Ablassbrief. Luther: „Das ist nur Papier, Hanna ... Hab nur Vertrauen in Gottes Liebe (er gibt ihr Geld) ... Kauf Grete etwas zu essen.“

Luther begegnet Hanna und ihrem Kind ein letztes Mal: Grete läuft auf Krücken und ist glücklich. „Sie will euch sagen, dass sie jeden Abend für euch betet ...“

Didaktischer Leitgedanke

Die Kapitel 3–5 haben zentral Luthers Kampf gegen den Ablasshandel Tetzels zum Thema. Roter Faden in diesem wichtigen Filmabschnitt sind die Szenen mit Hanna und ihrem behinderten Kind, an denen exemplarisch deutlich wird, welche Gefahr der Ablasshandel für das alltägliche Leben der Menschen und ihrer Suche nach Lebenssinn und Heil bedeutete: nicht nur, weil er die Menschen finanziell ausbeutet, sondern auch, weil er die konkreten Nöte der Menschen nicht ernst nimmt. Auf der anderen Seite wird deutlich, dass es bei Luthers Position zum Ablass nicht um einen universitären Theologenstreit geht, sondern darum, welche sozialethischen Konsequenzen die Ablehnung des Ablasshandels hat: Krücken braucht das behinderte Kind und keine vermeintlichen Eintrittskarten für den Himmel.

Deutlich wird in diesem Filmabschnitt auch, wie die Jenseitsorientierung des mittelalterlichen Denkens einer Diesseitsorientierung der Reformation und damit der Moderne Platz machen muss. Die Unterrichtssequenz stellt dementsprechend Hanna in den Mittelpunkt und zeigt deren Veränderungen auf.

Verlauf

> Heute wollen wir einen längeren Abschnitt des Filmes anschauen, der etwa 25 Minuten dauert. Dabei wollen wir unsere Aufmerksamkeit auf eine bzw. zwei Personen richten: Hanna und ihr Kind.

L heftet ein Bild Hannas (aus **M1**) an die Tafel. L sagt:

> Hannas Kind ist behindert. Das ist ein schweres Los in der damaligen Zeit für sie und für ihr Kind. Lasst uns einmal überlegt, wie man ihr – damals – hätte helfen können?

Ideen werden gesammelt. Sie werden von Geldspenden über Pflegeeinrichtungen, Kindergärten bis zu mechanischen Hilfsmitteln oder auch den Gedanken einer Operation reichen. L sagt:

> Wir wollen sehen, was der Film uns anbietet, und zwar, wie die offizielle Kirche damals helfen wollte und wie Martin Luther ihr hilft. Achtet beim Anschauen ganz besonders auf Hanna.

Der Film, Kapitel 3–5, wird gezeigt. Im Anschluss wird das Tafelbild erarbeitet: In der Mitte hängt Hannas Bild, rechts davon Tetzel, links Luther (aus **M1**). Jeweils unter die Bilder von Luther und Tetzel werden deren Handlungen geschrieben, z.B.:

Tetzel
Predigt, verkündet Ablass als Geschenk der Kirche, spielt mit der Angst der Menschen, verkauft Ablass, treibt damit Geld ein für den Bau des Petersdoms.

Luther
Spricht gegen Ablass und Reliquienverehrung, schlägt die Thesen an, predigt gegen Ablass, redet mit Hanna und gibt ihr Geld, wendet sich Hanna persönlich zu, nimmt sie und ihr Kind als Menschen wahr.

Die gegensätzlichen Hilfsangebote Tetzels und Luthers werden vertieft. Dazu werden zwei Arbeitsblätter eingesetzt, die aus Filmzitaten und Originalzitaten Tetzels und Luthers deren Position zum Ablass herausstellen (**M5a–b**). Neben Einzelarbeit an den Arbeitsblättern mit anschließendem Plenum können auch zwei arbeitsteilige Gruppen gebildet werden, die anschließend die unterschiedlichen Positionen Tetzels und Luthers in einem Streitgespräch austragen. Deutlich sollte der folgende Gegensatz werden:
Tetzel sagt: „Gute Mutter, wenn die Zeit kommt, liegt es an dir, ob dein verkrüppeltes Kind zu Jesus laufen kann ...“ – und nimmt ihr Geld für den Ablass.
Luther gibt Hanna Geld und das Kind läuft – auf Krücken zwar – zu ihm und betet für ihn.

Ergebnissicherung: Tagebucheintragungen vor allem bei Hanna, auch bei Tetzel und Luther.

4. Wem ist der Mensch verantwortlich? – Dem Machtanspruch der Kirche oder dem eigenen Gewissen

Filmbeschreibung und -interpretation

Die Kapitel 6 bis 9 stellen einen inhaltsreichen Abschnitt des Films dar, der in vielen Dialogen das politische und kirchliche Ränkespiel um Luther im Vorfeld des Reichstags von Worms zum Thema hat: Es geht um die Vorverhandlungen Luthers mit Aleander und Cajetan in Augsburg, das politische Intrigenspiel um Luther zwischen Karl V. und Friedrich dem Weisen, die Abfassung der Bannbulle gegen Luther, die Verbrennung der Bulle einerseits und Luthers Schriften andererseits und schließlich die Verhandlungen auf dem Reichstag in Worms.

Im Zentrum dieses Ränkespiels steht Luther selbst. Seine Entscheidung auf dem Reichstag zu Worms, hinter seine Position nicht zurückzutreten, wird im Film als Entscheidung des Gewissens gegen den Machtanspruch des Papstes, wie er sich in der Bannbulle äußert, dargestellt.

Didaktischer Leitgedanke

Didaktischer Leitgedanke der Erarbeitung dieser Sequenz soll es sein, jenen Konflikt zwischen Machtanspruch der Kirche und eigenem Gewissen nachzuzeichnen. In diesem Leitgedanken spiegelt sich letztlich die bekannte Formulierung Luthers aus Luthers Schrift „Von der Freiheit eines Christenmenschen“ (1520): Ein Christ ist ein freier Herr aller Dinge und niemandem untertan. Ein Christ ist ein dienstbarer Knecht und jedermann untertan.

Verlauf

Es geht in dieser Unterrichtssequenz in einem ersten Schritt darum, Aktionen und Reaktionen der am politischen und kirchlichen Ränkespiel um Luther beteiligten Personen aufzuzeigen. Dazu werden vom Unterrichtenden zunächst die Bilder der wichtigsten Personen in den folgenden Filmsequenzen vorstellt: Karl V., Leo X., Cajetan, Aleander, Friedrich d. Weise, Spalatin, von Staupitz, Karlstadt und Luther (aus **M1**). Von den Schülerinnen und Schülern wird eine Einteilung in Gegner und Freunde Luthers vorgenommen; noch unklare Positionen werden beschrieben. L sagt:

> Wir kennen diese Personen bereits als Mitspieler oder Gegenspieler Martin Luthers. In den folgenden Szenen des Films, die wir sehen wollen, wird das Ränkespiel um Martin Luther immer komplizierter. Wir werden sehen, dass sich in Gesprächen der Personen und Ereignissen der Konflikt um Martin Luther immer weiter zuspitzt. Es ist, als ob ein Netz um Luther aufgespannt wird, das ihn *auffangen* oder *einfangen* soll.

Es werden Kleingruppen (ca. 6 Schüler und Schülerinnen) gebildet. Jede Kleingruppe erhält ein Plakat (**M6**: Vorlage A4 als Arbeitsblatt, für Plakat auf A3 hochkopieren!). Die Personen sind in einem Kreis um Luther aufgestellt. Aufgabe ist die Erstellung einer Art Soziogramm, eben das genannte Netz: Mit Pfeilen (rot = negative Beziehungen, grün = positive Beziehungen, an die Worte oder Sätze geschrieben werden können) werden Motive und Inhalte der Dialoge der folgenden Filmszenen festgehalten.

Die Filmkapitel 6 bis 8 werden gezeigt. Dabei wird der Film mehrmals unterbrochen, damit die Kleingruppen ihr Plakat vervollständigen können. Anschließend stellen die Kleingruppen ihre Plakate im Klassenraum aus. L:

> Aus den Gesprächen und Ereignissen um Martin Luther, wie der Film sie uns gezeigt hat, ist ein bunten Netz geworden, in dem sich Luther wie in einem Spinnennetz gefangen fühlen muss – oder aufgehoben wie in einer Hängematte. Allerdings: Jede der handelnden Personen hat ein geheimes oder offensichtliches Motiv für seine Position.

In den Kleingruppen beraten die Schülerinnen und Schüler über die Motive der Personen. Dazu machen sie Gedankenblasen an die Köpfe und ergänzen den Satz: „Ich will, dass …". Luther wird dabei zunächst ausgelassen. Die Ergebnisse werden im Klassenraum wiederum präsentiert.

Anschließend wird das Filmkapitel 9 (Reichstag in Worms) gezeigt. Luthers Schlussworte auf dem Reichstag werden ggf. auf einem Plakat an die Tafel geheftet:

> Da denn kaiserliche Majestät
> und eure kurfürstlichen Erlauchtheiten
> eine einfache Antwort wünschen,
> so will ich sich geben: Solange ich nicht durch die heilige Schrift widerlegt
> werde und mit einleuchtender Vernunft, und nicht durch Päpste und Konzile,
> die sich schon so oft widersprochen haben, ist mein Gewissen einzig dem
> Wort Gottes verpflichtet und gegen sein Gewissen zu handeln, ist weder rechtens
> noch lauter. Ich kann nicht und ich werde nicht widerrufen.
> Hier stehe ich – ich kann nicht anders! Gott helfe mir!

Die Kleingruppen ergänzen auf ihrem Plakat eine Sprechblase Luther: „Ich will …" und tragen ihre Ergebnisse vor.

Ergebnissicherung: Tagebucheintragungen zumindest bei Luther und mindestens bei einer weiteren Person!

5. Heiligt der Zweck die Mittel? – Bildersturm oder Bibelübersetzung

Filmbeschreibung und -interpretation

Die Kapitel 10 und 11 bilden antithetisch die zwei Wege ab, die die Reformation nach den Ereignissen von Worms ging, die Positionen Karlstadts und Luthers.

Kapitel 10 beginnt mit der Entführung Luthers auf die Wartburg. Spalatin erläutert ihm seine fürsorgliche Entführung. Demgegenüber zeigen die folgenden Szenen den Weg Karlstadts auf: Ablegen des Klerikergewandes, Bildersturm („Bereitet euch auf das große Gleichmachen vor").

Ein weiterer Szenenwechsel auf die Wartburg zeigt Luther beim Übersetzen der Bibel. Im Gespräch mit Spalatin werden Luthers Intentionen deutlich (Luther und Spalatin: „das ist Hochverrat ... Ein Testament auf Deutsch zu haben, in Worten die auch einfache Menschen verstehen ... ja, das ist genau das, was Rom am meisten fürchtet ... Wisst ihr, da müsst ihr den Verfassern die Schuld geben.")

Kapitel 11 veranschaulicht die Auswirkungen der Position Karlstadts: Bildersturm in der Kirche zu Wittenberg. Luther kehrt auf Bitte Spalatins nach Wittenberg zurück und verweist Karlstadt der Stadt. Es folgt die Darstellung der Auswirkungen des Bauernkrieges: Friedrich und Spalatin beraten die Folgen des Aufstands. Luther bewegt sich zwischen brennenden Ruinen und Leichenbergen, in einer zerstörten Kirche findet er die tote Grete, die Tochter der Hanna.

Das nächste Kapitel (Kap. 12) beginnt mit einer ironisch-grotesken Szene: Ein Wagen, mit Fässern beladen (der Zuschauer wird erst später erfahren, dass es die Salzfässer sind, in denen Katharina von Bora mit ihren Schwestern aus dem Kloster flieht) auf einem Feldweg, an dem rechts und links Leichen liegen. Der Kutscher singt: „Ehre sei Gott in der Höhe, Ehre sei Gott im Himmel ...".

Didaktischer Leitgedanke

Die Kapitel 10–11 stellen die Konsequenzen dar, die sich aus den in Worms getroffenen Entscheidungen ergeben können. Das Themenfeld der Beziehung zur alten Kirche Roms wird für einen Moment aus dem Film ganz ausgeblendet, in diesen Kapiteln geht um einen innerreformatorischen Konflikt, um die Frage, wie eine Kirche der Zukunft oder auch eine Kirche mit Zukunft auszusehen hat und welche Wege zu diesem Ziel führen können.

Man kann auch hier wiederum antithetische Perspektiven aufzeigen: Karlstadts Weg ist es, das Alte gänzlich hinter sich zu lassen, es kommt zur großen Gleichmacherei, für die Bildersturm und Bauernkrieg (hier wird Karlstadt mit Thomas Müntzer identifiziert!) stehen. Der Weg, das Alte abzuschaffen, bewirkt mit der Barbarei des Bauernkrieges gerade das Gegenteil: Der Weg führt – dies wird im Film nicht thematisiert – ins Sektiererische der Täufergemeinde und mit deren Bekämpfung zurück ins Mittelalter. Die Revolution scheitert ...

Demgegenüber beginnt Luthers Weg mit der Bibelübersetzung auf der Wartburg als Neuordnung der Kirche im Sinne eines Reformprogramms.

Der *didaktische Leitgedanke* dieser Sequenz zielt darauf, die Motive wie die Konsequenzen der Wege Karlstadts (bzw. Müntzers) und Luthers nachzuzeichnen. Dabei kann deutlich werden, dass auch Luthers Weg nicht ohne Probleme ist. Die Sequenz bietet die Chance, eine rein positive Identifikation mit Luther bzw. mit dem Lutherbild des Films in Frage zu stellen und Schülerinnen und Schüler die Möglichkeit einer differenzierten Positionierung zu geben.

Verlauf

Luthers bzw. Karlstadts (in Identifikation mit Müntzers) Weg zur Erneuerung der Kirche kann unter zwei bekannte Mottos gestellt werden: „Der Weg ist das Ziel" für die Position Luthers, „Der Zweck heiligt die Mittel" für Karlstadt/Müntzer.

Diese beiden Begriffe stehen zu Beginn der Unterrichtssequenz an der Tafel und bilden einen Impuls für ein Unterrichtsgespräch, in dem L vermutlich auch den zweiten Satz durch kritische Einwände hinterfragt:

> Wenn ich das Gute und Richtige will, muss es manchmal auch hart zugehen ... Wer sich auf der richtigen Seite weiß, wird darum kämpfen, manchmal auch mit Gewalt, oder?

Der Unterrichtende fasst zusammen und leitet zur Erarbeitung der Filmsequenz über:

> Im folgenden Abschnitt des Films sehen wir Karlstadt und Luther im Mittelpunkt der Ereignisse. Jeder sucht für sich einen Weg, um die Kirche für die Menschen zu einem guten Ziel zu führen. Wir wollen nachher versuchen, diese Wege zu beschreiben und nachzuvollziehen. Wir schreiben die Zeit nach dem Reichstag in Worms, vom Mai 1521 bis zum März 1522: Achtet darauf, was Luther in dieser Zeit tut, welchen Weg er geht, die Kirche zu erneuern, und welchen Weg Karlstadt geht.

Die Kapitel 10–12 werden gezeigt. Ggf. kann vor dem Zeigen und/oder nach dem Zeigen der Filmabschnitte weiteres Informationsmaterial mit Arbeitsblatt **M7** angeboten werden: Auf jeden Fall muss auf die dramaturgische Identifikation der historischen Personen Karlstadt und Müntzer eingegangen werden. Dabei können ggf. weitere Motive und Ursachen der Bauernkriege durch ein Schülerreferat vorgetragen werden. Nach dem Zeigen der Filmsequenz werden die Bilder Luthers und Karlstadts den beiden Sätzen aus dem Eingang zugeordnet. Luthers bzw. Karlstadts Weg werden im Tafelbild nachgezeichnet.

Der Zweck heiligt die Mittel

Karlstadt (bzw. Müntzer)

Ablegen des Theologengewandes

Kritik an Reliquienverehrung

Bildersturm und Zerstörung der Kirche

„Gleichmacherei“

Aufstand und Gewalt

Bürgerkrieg/Bauernkrieg

Weg in die Revolution

Niederschlagung durch die Heere der Fürsten

(ggf. Lehrerinfo:
Bildung von Täufergemeinden, Sektierer, Rückfall ins Mittelalter)

Der Weg ist das Ziel

Martin Luther

Entführung (Abstand von den Ereignissen)

Übersetzung der Bibel

Motiv: Alle sollen die Bibel lesen können

Suche nach der „biblischen Wahrheit“

Verstehen der Bibel als Kritik an der Papstkirche

Gegen Aufstand und Gewalt

Aber: Schlägt sich auf die Seite der Fürsten

Reformen statt Revolution

(ggf. Lehrerinfo: Bildung von Landeskirchen)

Ergebnissicherung: Eintrag ins Personentagebuch bei Karlstadt und Luther, ggf. auch Friedrich und Hanna (posthum).

6. Welche Zukunft hat die Kirche? – Der getrennte Weg der Kirchen

Filmbeschreibung und -interpretation

Wiederum zweimal antithetisch sind die letzten Kapitel des Films aufgebaut. In den Dialogen wird das Ergebnis der Reformation thematisiert.

Kapitel 12 beginnt mit der ersten Begegnung Luthers mit Katharina von Bora. Es folgt eine Szene der Begegnung Luthers mit dem Kurfürsten Friedrich. Luther übergibt seinem Kurfürsten die erste Ausgabe seiner Bibelübersetzung:

> Durchlaucht, diese Arbeit habe ich euch gewidmet, eine Übersetzung des neuen Testaments in unsere Sprache ... Ins Deutsche übersetzt! – Aber das trennt uns auf ewig von Rom, endgültig ... – Ich habe immer die Einheit der Christenheit angestrebt ... – Dürfte ich jetzt wohl mein Geschenk haben?

Es schließt sich eine Szene mit Luther und Katharina auf einem Fest und das Eheversprechen Luthers an. Das Kapitel wechselt nach Rom, wo Aleander und Cajetan am Totenbett Leo X. ein Gespräch über die Zukunft der Kirche führen:

> Bankrott ... achthunderttausend Dukaten Schulden ... Hätte er (Papst Leo X.) länger gelebt, hätte er selbst den Vatikan verkauft ... Aber als Papst hätte er die Welt verändern können ... Er hätte die Kirche reformieren können, anstatt sie nur wieder aufzubauen ... Leo war geistig ein Zwerg und wir hätten einen Riesen gebraucht wie Luther ...

In den Kapiteln 13–14 stehen Vorbereitung und Durchführung des Augsburger Reichstages von 1534 im Mittelpunkt. Die Ereignisse dort werden kontrastiert durch Szenen, in denen Martin Luther in einem Waldstück Kindern das Gleichnis vom barmherziger Vater/verlorenen Sohn (Lk. 15) erzählt. Diese Erzählung führt noch einmal auf den Kern der reformatorischen Einsicht Luthers: *Gott als der barmherzige Vater.* Durch Melanchthon erhalten Luther und Katharina die Nachricht von den Ereignissen in Augsburg.

Der Wortlaut des Nachspanns:

> Was in Augsburg geschah, öffnete das Tor zur Religionsfreiheit und veränderte die Welt. Martin Luther lebte, predigte und lehrte Gottes Wort noch weitere 16 Jahre. Er und Katharina von Bora waren glücklich verheiratet und hatten sechs Kinder. Seine Bibelübersetzung legte den Grundstein für eine gemeinsame deutsche Sprache. Heute feiern über 540 Millionen Menschen den Gottesdienst, so wie Luther ihm Gestalt verlieh.

Didaktischer Leitgedanke

Thematischer Schwerpunkt der Kapitel 12–14 bilden die Ereignisse um den Reichstag zu Augsburg 1534 und damit die Frage nach der Zukunft der protestantischen und katholischen Kirche, die seit der Confessio Augustana einen bis heute getrennten Weg gehen. Die Heirat Luthers mit Katharina von Bora bildet dazu nur eine Nebenhandlung.

Es ist nicht zufällig, dass der Wortlaut der Augsburger Konfession von 1534 nicht einmal in Auszügen im Film erwähnt wird. Stattdessen tritt die Geschichte vom barmherzigen Vater aus Lukas 15 in den Vordergrund. Die Dramaturgie des Films macht deutlich: In der Aussage dieses Gleichnisses liegt der Kern der reformatorischen Einsicht entsprechend Röm 3,21ff. Die Veränderung der Welt, die Luthers Handeln bewirkt, hat ihren Ursprung in der Veränderung des Gottesbildes, der Rückkehr zum Bild vom barmherzigen Vater.

Demgegenüber ist die mittelalterliche Kirche an ihrem Tiefpunkt angekommen. Das Gespräch zwischen Cajetan und Aleander signalisiert: Auch sie braucht eine Erneuerung – wie sie im Konzil von Trient dann auch ansatzweise aufgenommen wird. Dieser Weg der Erneuerung könnte in einer anschließenden Unterrichtsreihe thematisiert werden.

Die abschließende Szene und der Nachspann stellen das Werk Luthers in seinem Ergebnis zusammen. Aus dieser Einsicht ergibt sich der *didaktische Leitgedanke:* Die Schüler sollen vor dem Hintergrund des im Unterricht erarbeiteten Lebenswegs und Lebenswerks Luthers selbstständig die Veränderungen formulieren, die die Reformation ermöglicht hat.

Verlauf

L leitet das Anschauen des letzten Teils des Films ein. Er erläutert die Funktion des Reichstags zu Augsburg als entscheidende Zusammenkunft zwischen Kaiser Karl V., den Anhängern Luthers unter den deutschen Fürsten und den Anhängern der Papstkirche.

Die Kapitel 12-14 werden (ohne den Nachspann) gezeigt. Im Unterrichtsgespräch werden die Ereignisse in Augsburg, die der Film darstellt, herausgearbeitet und ggf. weitere Sachinformationen gegeben.

Anschließend wird der Nachspann gezeigt und eine Arbeit in Kleingruppen eingeleitet:

> Der Nachspann des Films nennt einige Dinge, die sich in der Welt und im Leben Martin Luthers durch das, was er gesagt und getan hat, verändert haben. Schreibt dies auf ein Plakat und ergänzt weitere Veränderungen, die Luther bei sich, bei den Menschen um ihn herum und auch noch heute bewirkt hat. Denkt dabei daran, dass es nicht alles positive Veränderungen waren. Ihr könnt dabei eure Tagebucheintragungen zur Hilfe nehmen.

Die Gruppen erhalten Plakate, auf denen der Text des Nachspanns (s.o.) aufgeklebt ist. Die Kleingruppenergebnisse werden im Anschluss an die Gruppenarbeit im Plenum präsentiert. Im Anschluss kann ggf. die Durchführung einer Filmvorführung für die Schule stehen (s. Vorschläge in der Einleitung).

M1 Kennkarten

Girolamo Aleander Nuntius des Papstes

Girolamo Aleander war der oberste Botschafter des Papstes Leo X. am Hof Karls V. Seine Aufgabe war es, Kaiser und Reich gegen den Wittenberger Ketzer Martin Luther mobil zu machen. Aleander bewirkte, dass Luther 1521 durch das sogenannte Wormser Edikt mit der Reichsacht belegt wurde und damit vogelfrei war. Nie wieder konnte Luther den Schutzbereich des sächsischen Fürsten verlassen. Er wäre sonst ergriffen und hingerichtet worden.

Cajetan (Jakob de Vio), Erzbischof und Kardinal

Cajetan war nicht nur Dominikanermönch, sondern auch Erzbischof und Kardinal. Er war ein brillanter Wissenschaftler und der bedeutendste Theologe seiner Zeit.
Cajetan nahm 1518 als päpstlicher Legat (Gesandter) an dem Reichstag zu Augsburg teil und verhandelte im Anschluss daran mit Martin Luther, den er vergebens zum Widerruf seiner Ablassthesen drängte.

Friedrich der Weise, Kurfürst von Sachsen

Friedrich war der mächtigste Kurfürst Deutschlands. Als Kurfürst gehörte er zu den wenigen Adligen, die den Kaiser wählen durften. Die Fürsten wählten oft nicht den mächtigsten Kurfürsten zum Kaiser, sondern den schwächsten, dann hatten sie nämlich vor dem Kaiser Ruhe.
Um seine eigene Macht zu stärken, unterstützte Friedrich Luther. Papst und Kaiser brauchten seine Hilfe, darum konnten sie es nicht wagen, Luther verhaften und töten zu lassen.

Johann von Staupitz Prior und Beichtvater Luthers

Johann von Staupitz war Prior in einem Augustiner Eremiten-Kloster und Professor für Theologie. Er war der Beichtvater und Lehrer Luthers. Er schickte Luther als seinen Gesandten nach Rom. Obwohl Johann von Staupitz Luther unterstützte, blieb er in der katholischen Kirche, wechselte zu den Benediktinern und wurde Abt des Klosters St. Peter in Salzburg.

Karlstadt (Andreas von Bodenstein) Professor in Wittenberg

Karlstadt war ein berühmter Professor an der Universität Wittenberg. Luther hatte bei ihm Unterricht und bestand bei ihm seine Doktorprüfung. Ähnlich wie Luther wehrte sich Karlstadt gegen die schlimmen Zustände in der römischen Kirche. Später wurde Luther als Professor sein Kollege. **Achtung:** Mit der Gewalt in den Bauernkriegen (wie im Lutherfilm gezeigt) hatte der friedliche Karlstadt wenig zu tun. Das war eher der radikale Thomas Müntzer.

Spalatin

Spalatin war der Berater des Kurfürsten Friedrich des Weisen von Sachsen und ein Förderer Luthers. Er war wie Luther Professor für Theologie und obendrein noch Professor für Jura (Rechtswissenschaft). Luther und der Kurfürst sind sich nie persönlich begegnet. Spalatin diente immer als Bote und Vermittler zwischen den beiden. Weil Spalatin großen Einfluss auf den Kurfürsten hatte, schenkte dieser Luther wohl sein Vertrauen.

Tetzel

Tetzel war Dominikanerpater. Seit 1509 Inquisitor für Polen und Sachsen. 1516 wurde er zum Subkommissar im Bistum Meißen beim Ablass für den Bau der Peterskirche in Rom, seit 1517 Generalsubkommissar i.A. des Erzbischofs Albrecht v. Mainz. Tetzels Ablassvertrieb gab den Anlass zu Luthers Thesen von 1517. Tetzel lebte seit 1518 im Paulinerkloster in Leipzig und spielte für den weiteren Verlauf der Reformation keine Rolle mehr.

Katharina von Bora

Nach dem frühen Tod ihrer Mutter kam Katharina 1504 zur Erziehung in das Benediktinerinnenkloster in Brehna und später ins Kloster Nimbschen bei Grimma. Ostern 1523 floh sie zusammen mit anderen Nonnen nach Wittenberg, wo sie auf Fürsprache Luthers in Wittenberger Familien untergebracht wurden. Dort wurde sie am 13.6.1525 Luthers Frau. Sie gebar Luther drei Töchter und drei Söhne, von denen vier die Eltern überlebten.

Papst Leo X.

Papst Leo X. wurde 1489, mit 14 Jahren, Kardinal und 1513 Papst. Er förderte die Kunst und Wissenschaft und führte ein Leben im Geist der Renaissance: Raffael wurde Leiter des unter Papst Julius II. begonnenen Baus von St. Peter. Der Bau des Petersdoms verschlang Kosten, die nach heutigen Maßgaben im mehrstelligen Millionenbereich liegen würden. Daraufhin nahm der Ablasshandel die Formen an, die Luther dann zum Protest veranlassten.

Kennkarten

M1

Karl V.

Karl V. war zur Zeit Luthers deutscher Kaiser. Sein Reich umfasste halb Europa. Um sich Stimmen für seine Wahl zu kaufen, machte Karl Schulden bei den Fuggern, die er durch Anteile am Ablass-Streit zurückzahlte. Weil er auf die Unterstützung der deutschen Fürsten angewiesen war, die ihrerseits Luther unterstützten, konnte er gegen die Evangelischen nicht militärisch vorgehen. Karl V. sprach kein Wort Deutsch und betrat nach dem Reichstag zu Worms bis 1529 nicht mehr deutschen Boden.

Martin Luther

geb. am 10.11.1483 in Eisleben, ab 1501 Studium an der Universität Erfurt. 2.7.1505 Gewittererlebnis. Eintritt ins Augustinereremitenkloster in Erfurt. 1507 Priesterweihe.1508 Beginn des Theologiestudiums in Wittenberg. 1511 Theologieprofessor und von Staupitz' Nachfolger in Wittenberg, 31.10.1517 „95 Thesen" 15.6.1520 Bannandrohung 17.4.1521 vor Kaiser Karl V. in Worms. Flucht auf die Wartburg. Übersetzung des NT. 1525 Heirat mit Katharina von Bora (6 Kinder), gestorben 18.2.1546 in Eisleben.

Hanna und ihre Tochter Grete

Hanna und ihre Tochter Grete sind historisch fiktive Gestalten. Sie sind Prototypen der „Menschen auf der Straße". In der Gestalt der behinderten Grete begegnet zudem ein Mensch, der in der damaligen Gesellschaft sozial verachtet war und in religiöser Perspektive als von Gott gestraft.

Otto und sein Sohn Thomas

Der Zimmermann Otto und sein Sohn Thomas sind historisch fiktive Gestalten, Prototypen der „Menschen auf der Straße". Am Schicksal des depressiven Thomas, der Selbstmord verübt, stellt sich die Frage der Barmherzigkeit und Gerechtigkeit Gottes sowie die ethische und theologischen Frage nach der Schuld eines Selbstmörders.
Die damalige Gesellschaft beantwortete diese Frage damit, dass Selbstmörder nicht auf einem kirchlich geweihten Friedhof beerdigt werden durften.

Fertige folgendermaßen ein Personentagebuch an:
Auf das Titelblatt klebe das Filmplakat (**M2**) und ergänze das Tafelbild der heutigen Stunde.
Für jede Person im Film „Luther – er veränderte die Welt für immer" lege eine Seite in einer Arbeitsmappe an.
Schneide dazu die Kennkarten von **M1** aus und klebe sie rechts oben auf je eine Seite.

M2 Das Filmplakat

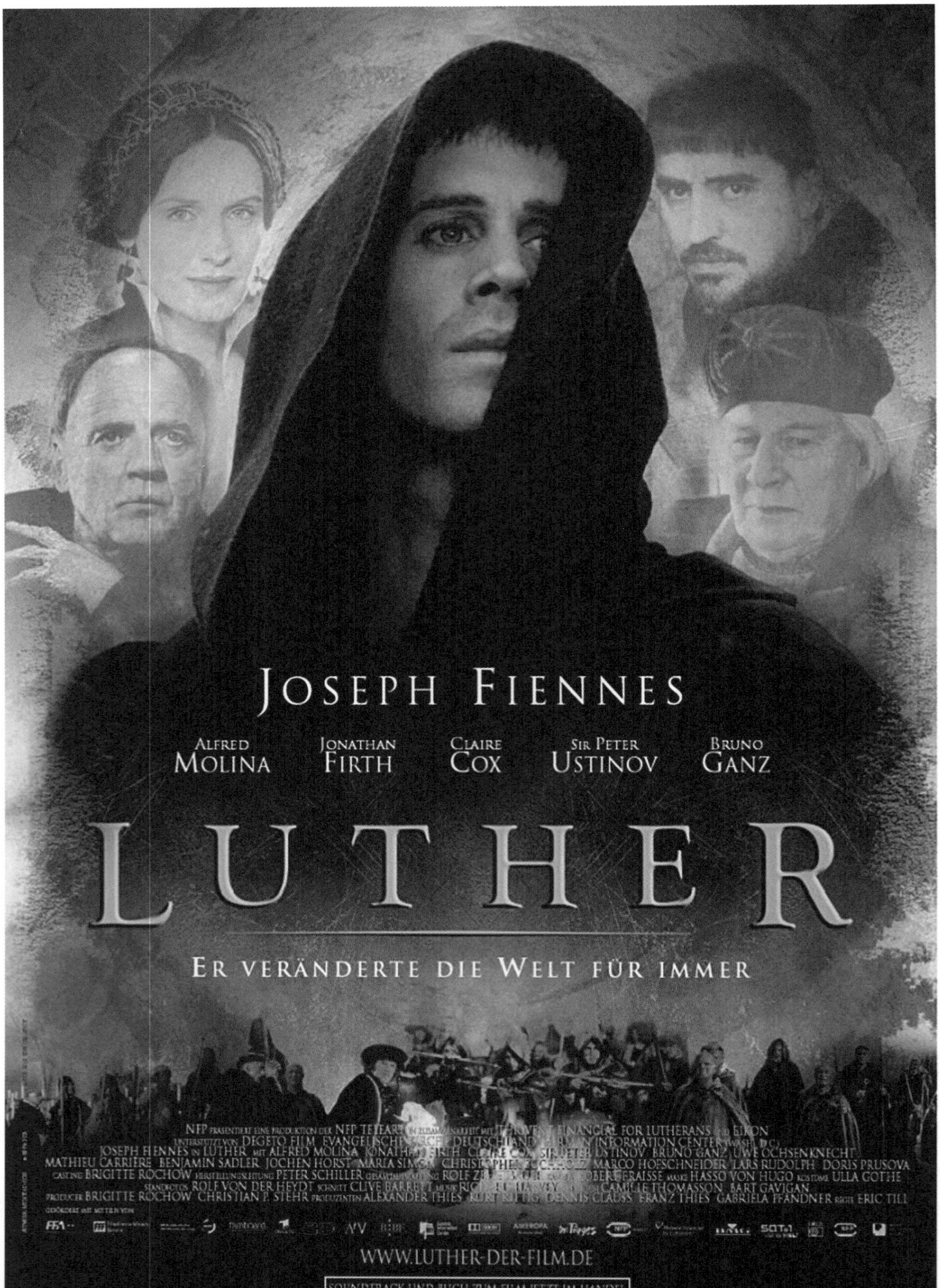

Was eigentlich genau ist der Ablass?

M3

Mit dem so genannten Petersablass, mit dem Leo X. den Petersdom bezahlen wollte, verhält es sich komplizierter, als man zunächst glaubt. Um den Ablass zu verstehen, muss man mehrere Faktoren berücksichtigen:
In der Bibel steht folgende Geschichte: Als einmal ein reicher Mann zu Jesus kommt und fragt, wie man denn ins Himmelreich kommen kann, antwortete Jesus: Verkaufe all dein Hab und Gut und gib es den Armen und folge mir nach (Lk 8,18–23). Die Kirche hat aus diesen und anderen Bibelworten geschlossen: Wer gute Werke tut und Geld spendet, der hat eine Chance, in den Himmel zu kommen (und das ist ja auch eigentlich gar nicht falsch).

Im späten Mittelalter machte man dann eine Rechnung auf: Die großen Heiligen haben so viel Gutes getan, dass es nicht nur für sie, sondern auch für viele andere reichen müsste, um in den Himmel zu kommen. Ebenso sammeln die vielen Priester, die die Messe lesen, „Punkte" an. So häuft sich ein ungenutzter Schatz an Gnade an. Der Papst wiederum ist der Stellvertreter Christi auf Erden, also entscheidet er darüber, wie dieser Schatz an Gnade eingesetzt wird.
So kam ein Papst auf den Gedanken, diese „Gnade" zu verkaufen – denen, die fürchteten, nicht genug gute Werke auf ihrem „Konto" zu haben, um dem Fegefeuer zu entgehen. So entstand der bezahlte Ablass.

Leo X. und Aleander beim Modell des Petersdoms

Wieso aber regte sich gerade Luther darüber auf? Zu Luthers Zeit nahm der Ablasshandel eine besonders schlimme Form an: Papst Leo X. benötigte Unsummen für den Petersdom. Zufällig wollte gerade der Fürstbischof Albrecht von Mainz einen weiteren Bischofssitz übernehmen. Das ist kirchenrechtlich verboten. Weil der Papst Geld brauchte, erlaubte er Albrecht das trotzdem gegen Zahlung eines großen Betrags. Albrecht lieh sich Geld beim Bankhaus Fugger, der Papst bekam sein Geld für den Petersdom. Nun aber brauchte Albrecht von Mainz Geld für seine Schulden: Er schickte den Dominikanermönch Johann Tetzel aus, der ein meisterhafter Redner war. Er machte allen Menschen so viel Angst vor der Hölle, dass sie gern einen Brief kauften, der ihnen Ablass von den Höllenstrafen gewährte. Luther fragte sich: Haben wir denn einen Gott, der uns Angst macht? Müssen wir uns den lieben Gott kaufen? Oder was hätte Jesus dazu gesagt?

Beantworte Luthers Fragen.

Lies im Neuen Testament den Originaltext vom reichen Jüngling: Lukas 18,18-23.

Ergänze: Jesus wollte dem reichen Jüngling mit seiner Antwort sagen, dass ...

M4 Warum fallen Menschen im Mittelalter auf den Ablass herein?

Immer wieder wundern wir uns, dass die Menschen vor 500 Jahren der Kirche so bereitwillig geglaubt haben, wenn diese von Hölle, Fegefeuer und Ablass gepredigt hat. Man kann die Menschen aber verstehen, wenn man sich die damaligen Verhältnisse vor Augen führt. Die Zeit um 1500 war geprägt durch viele Ängste.

Abbildung 1

Die Pest, eine schmerzhafte und aggressive Krankheit, die in kürzester Zeit zum Tod führte, vernichtete fast ein Drittel der europäischen Bevölkerung.

Blutrünstige Raubritter verbreiteten auf den Straßen im Land Angst und Schrecken.

Die Bauern lebten als Leibeigene fast wie Sklaven. Immer waren sie von Hunger und Krankheit bedroht. Mangelnde Hygiene führte zu höchster Säuglingssterblichkeit.

All das waren die Ursachen dafür, dass der Tod etwas Alltägliches im damaligen Leben war. Gerade weil aber der Tod einen schnell und unerwartet überkommen konnte, machte man sich große Gedanken, was denn danach kommen würde.

Die größte Angst der Menschen war die ewige Verdammnis in der Hölle. Nur die Kirche konnte sie davor retten. Um nach dem Leben bewahrt zu werden, verkaufte die Kirche so genannte Ablassbriefe. Natürlich fanden die Menschen das damals nicht wirklich schlimm. Auch wir spenden heute in den Gottesdiensten ja kleine Beträge und die Menschen damals waren immerhin beruhigt. Unerträglich wurde es dann aber, als der Papst selbst die Höllenangst schüren ließ, um seine Einnahmen zum Bau des Petersdoms zu erhöhen. Dadurch wurde der Glaube der Bevölkerung bitter ausgenutzt.

Jüngstes Gericht – ewiges Leben/ewige Verdammnis.
Holzschnitt der Zeit

Abbildung 2

Abbildung 2 zeigt das „Jüngste Gericht". Beschreibe die Vorstellungen und Ängste der Menschen im Mittelalter.

Abbildung 1 stammt von Albrecht Dürer und zeigt die apokalyptischen Reiter. Mit Hilfe dieses Bildes kannst du beschreiben, wie sich die Menschen damals fühlten.

Martin Luther wendet sich gegen den Ablass

M5a

Die Holzhändlerin Hanna zeigt Martin Luther den Ablassbrief, den sie von Tetzel gekauft hat:

Martin Luther schlägt die 95 Thesen gegen den Ablass am 31. Oktober 1517 an die Tür der Schlosskirche zu Wittenberg:

Einige der 95 Thesen

1. Da unser Herr und Meister Jesus Christus spricht „Tut Buße" usw. (Matth. 4,17), hat er gewollt, dass das ganze Leben der Gläubigen Buße sein soll.

11. Die Meinung, dass eine kirchliche Bußstrafe in eine Fegefeuerstrafe umgewandelt werden könne, ist ein Unkraut, das offenbar gesät worden ist, während die Bischöfe schliefen.

27. Menschenlehre verkündigen die, die sagen, dass die Seele (aus dem Fegefeuer) emporfliege, sobald das Geld im Kasten klingt.

36. Jeder Christ, der wirklich bereut, hat Anspruch auf völligen Erlass von Strafe und Schuld, auch ohne Ablassbrief.

43. Man soll den Christen lehren: Dem Armen zu geben oder dem Bedürftigen zu leihen ist besser, als Ablass zu kaufen.

62. Der wahre Schatz der Kirche ist das allerheiligste Evangelium von der Herrlichkeit und Gnade Gottes.

79. Es ist Gotteslästerung zu sagen, dass das (in den Kirchen) an hervorragender Stelle errichtete (Ablass-)Kreuz, das mit dem päpstlichen Wappen versehen ist, dem Kreuz Christi gleichkäme.

81. Diese freche Ablasspredigt macht es auch gelehrten Männern nicht leicht, das Ansehen des Papstes vor böswilliger Kritik oder sogar vor spitzfindigen Fragen der Laien zu schützen.

86. Oder: Warum baut der Papst, der heute reicher ist als der reichste Crassus, nicht wenigstens die eine Kirche St. Peter lieber von seinem eigenen Geld als dem der armen Gläubigen?

Unterstreiche verschiedenfarbig: Sätze in den Thesen, die sich gegen Tetzels Ablasspredigt richten; Sätze, die sich gegen den Papst richten.
Ergänze: „Die Thesen erinnert mich an ..." Schreibe ins Personentagebuch einige Sätze zu: Hanna erinnert sich an Martin Luther!

M5b Johann Tetzel verkündet den Ablass

Der Dominikanermönch Johann Tetzel predigt auf dem Marktplatz von Jüterborg: Die Holzhändlerin Hanna mit ihrer behinderten Tochter Grete und viele andere Menschen hören ihm zu:

„Im Himmel steht eine Schatztruhe … Diese Schatztruhe steht euch heute Abend offen … Wenn das Geld im Kasten klingt, die Seele aus dem Fegefeuer springt (zu Hanna gesprochen) … Gute Mutter, wenn die Zeit kommt, liegt es an dir, ob dein verkrüppeltes Kind zu Jesus laufen kann …"

Ein Holzschnitt aus dem 16. Jh. zeigt Tetzel bei einer seiner Ablasspredigten.

Hört her, Gott und St. Peter rufen euch. Bedenkt die Rettung eurer Seele und die eurer verstorbenen Lieben … – Hast du gedacht, dass du von einem wütenden Unwetter gepeitscht wirst mitten in den Versuchungen und Gefahren der Welt und dass du nicht weißt, ob du den Hafen erreichen kannst, weder für deinen sterblichen Leib, noch für deine unsterbliche Seele? Bedenke, dass alle, die bereut und gebeichtet und ihren Beitrag gezahlt haben, vollen Erlass all ihrer Sünden empfangen werden. Höre auf die Stimme deiner lieben verstorbenen Verwandten und Freunde, die dich anflehen und sagen: „Erbarm dich unser, erbarm dich unser. Wir sind hier in furchtbaren Qualen, von denen du uns loskaufen kannst für eine geringe Gabe." Hast du nicht selbst diesen Wunsch? Öffne deine Ohren. Höre, wie der Vater zu seinem Sohn, die Mutter zu ihrer Tochter sagt: „Wir haben euch das Leben gegeben, wir zogen euch auf, hinterließen euch unser Gut und ihr seid so grausam und hartherzig, dass ihr nicht bereit seid, uns um so geringen Preis zu befreien! Wollt ihr uns hier in den Flammen liegen lassen? Wollt ihr die uns erheißene Herrlichkeit hinauszögern?" Erinnert euch daran, dass ihr imstande seid, sie zu erlösen, denn sobald das Geld im Kasten klingt, die Seele aus dem Fegefeuer springt. Wollt ihr denn nicht für einen Viertelgulden diesen Ablassbrief erhalten, durch den ihr eine göttliche und unsterbliche Seele ins Vaterland des Paradieses zu führen vermögt?

Beschreibe, was Tetzel den Menschen anbietet? Welche Gefühle spricht er dabei an?

Ergänze den Satz: „Die Predigt erinnert mich an…"

Schreibe ins Personentagebuch einige Sätze zu: Hanna erinnert sich an den Ablassprediger Tetzel!

Luther im Netz

Papst Leo X.

Johann von Staupitz

Kurfürst Friedrich der Weise von Sachsen

Girolamo Aleander

Martin Luther

Kardinal Cajetan

Spalatin

Kaiser Karl V.

Karlstadt

M7 Heiligt der Zweck die Mittel oder ist der Weg das Ziel?

Lies den Text unter der Fragestellung, die die Überschrift vorgibt:
Um welche Zwecke und Ziele geht es – Luther? – den Bauern? – den Schwärmern?
Welche Mittel und Wege sind angemessen, welche nicht?

[...] Luther bleibt standhaft. Mit einem kleinen Aufschub durch versprochenes (und gehaltenes!) freies Geleit kehrt er in kursächsisches Gebiet zurück. Er stimmt einem vorsorglichen Kidnapping zu. Auf der Wartburg wird er versteckt, vom Mai 1521 bis zum März 1522. Der Mönch wird Junker Jörg und soll leben wie ein Junker dort.

In seiner Zwangsklausur übersetzt er in nur elf Wochen das Neue Testament – gedrängt von und ermutigt durch Melanchthon – ins Deutsche.
Heimlich besucht Luther im Dezember 1521 Wittenberg. Was dort in seiner Abwesenheit geschehen ist, beunruhigt ihn aufs Äußerste.

Die neue Freiheit lässt sich nicht mit Gewalt einführen

Sein Reformwerk droht durch Radikale regelrecht kaputtgeschlagen zu werden. Als diese mit Äxten und Zwang „das neue System" einführen wollen, reitet Luther von Eisenach nach Wittenberg, steigt am Sonntag Invokavit 1522 auf die Kanzel und vertraut wieder dem Wort, das allein zur Wahrheit solle führen können.

Jetzt müsse der Glaube, der in der Liebe tätig wird, nur mit ganzem Ernst von allen aufgegriffen werden. In einer Gemeinschaft von Mündigen, wo jeder seinen Platz zu aller Wohl ausfüllt und erfüllt: die Kirche in geistlichen Dingen, die Obrigkeit in weltlichen Dingen und jeder Einzelne in seinem Beruf.

Luther empfindet mit den Armen, macht sich bei den Fürsten zum Fürsprecher der geknechteten Bauern, verdammt aber die schwärmerische Inanspruchnahme Gottes für den gewaltsamen Umsturz durch Thomas Müntzer und dessen Mitstreiter. Thomas Müntzer hat Luther als das „sanftlebende Fleisch zu Wittenberg" verspottet. Er hat sich an die Spitze der aufrührerischen Bauern gestellt, um Freiheit und Gerechtigkeit nicht nur im Geiste, sondern in der politischen Realität zu erzwingen.

Chaos ist schlimmer als Tyrannei

Luther fordert in seiner „Ermahnung zum Frieden" dazu auf, alle Konflikte auf dem Rechtswege und nicht mit Gewalt auszutragen. Er fürchtet ansonsten unendliches Blutvergießen in Deutschland. Er sieht auf Seiten der Fürsten wie der Bauern Unrecht. [...]

M7

Als er die Nachrichten vom Brandschatzen, Morden, Vergewaltigen, vom Tod unzähliger Unschuldiger erhält, schreibt er eine Zorneskaskade „Wider die räuberischen und mörderischen Rotten der Bauern" und macht darin der weltlichen Obrigkeit ein gutes Gewissen, gegen den Aufruhr vorzugehen: „Darum soll hier zerschmettern, erschlagen und stechen, heimlich oder öffentlich, wer immer kann, und bedenken, dass es nichts Giftigeres, Schädlicheres, Teuflischeres geben kann als einen aufrührerischen Menschen. Man muss ihn schlagen, wie man einen tollen Hund totschlagen muss: schlägst du nicht, so schlägt er dich und ein ganzes Land mit dir."

Diese Erklärung Luthers hat furchtbare Folgen. Danach schwindet seine Popularität im ganzen Land, besonders bei dem unterdrückten Volk, aber auch sein Ansehen bei den Humanisten leidet. In dein „Sendbrief von dem harten Büchlein wider die Bauern" versucht er vergeblich seine Einstellung zu erläutern, um besseres Verständnis zu finden. Er schreibt: „Die wütenden, rasenden, wahnsinnigen Tyrannen aber, die auch nach der Schlacht nicht satt vom Blut werden können und in ihrem ganzen Leben nicht viel nach Christus fragen, habe ich mir nicht vorgenommen zu unterrichten. Denn diesen Bluthunden ist es gleichgültig, ob sie Schuldige oder Unschuldige töten, ob es Gott gefällt oder dem Teufel. Sie tragen das Schwert nur, um ihre Lüste und Mitwillen zu befriedigen. Da lasse ich ihren Meister, den Teufel, führen, wohin er sie führt."

Inzwischen haben die siegreichen Fürsten einen barbarischen Gegenschlag gegen die aufrührerischen Bauern und all ihren Anhang, selbst gegen deren Familien begonnen.

Luther hat bis dahin die staatliche Ordnung als solche in Gefahr gesehen und größtes Unheil durch Chaos befürchtet. Deshalb hat er sich auf die Seite der Fürsten geschlagen. Es können nach seiner Auffassung nicht alle Herren sein, denn „der Esel braucht Schläge, und der Pöbel muss mit Gewalt regiert werden".

Luther hat stets daran festgehalten, dass Chaos weit schlimmer als eine schlechte Ordnung sei. Bis heute steht er bei vielen als elender Fürstenknecht in Verruf.

Friedrich Schorlemmer, Hier stehe ich – Martin Luther, Aufbau-Verlag, 2003, S. 45–49 in Auszügen

8./9. Klasse

Tony. Selma. Grandpa. Gottes Besuch

Was mir im Leben wichtig ist

Einleitung

Das Thema

Der Kultursoziologe und Pfarrerssohn Gerhard Schulze resümiert über die gegenwärtige Problematik ethischer Entscheidungsfindung, die nicht nur Kinder und Jugendliche betrifft:

> Es ist weniger gewiss, wie man es anstellen soll, ein guter Mensch zu sein und ein Leben zu führen, das man selbst als sinnvoll und schön empfindet [...] es ist immer unsicherer, worin das Gute in einer konkreten Situation besteht. Man kann nicht einfach aus dem Bauch heraus moralisch sein. Man muss darüber nachdenken, reden, streiten [...] die Möglichkeit, über Moral zu *reflektieren*, um dann aus dem Nachdenken heraus ein anständiger Mensch zu sein. Man braucht die Distanz des Beobachters.[12]

Die 13. Shell Jugendstudie 2000 erklärt dementsprechend mit ihrer Analyse moderner Orientierungsmuster Jugendlicher „die Zeiten stabiler Leitbilder und homogener Wertestrukturen“[13] für beendet. Die Notwendigkeit, aber auch die Möglichkeit, vorgegebene Werthierarchien in die eigene Persönlichkeitsentwicklung zu integrieren und damit konkrete Handlungsvorgaben für den *persönlichen Lebensstil* zu entwickeln, tritt für Jugendliche hinter einem zunächst undurchschaubaren Wertekosmos zurück, in dem jeder Jugendliche, wie mit einem Wertekompass, seinen eigenen Weg finden muss:

> Jeder Jugendliche wird heute zum flexiblen Konstrukteur seiner eigenen Biografie mit einem persönlichen Wertekosmos, er muss und kann sich seine Identität und seine Werteorientierungen aus Versatzstücken selbst und eigenverantwortlich zusammenbasteln, sozusagen sein eigenes biografisches und ethisches ‚Gesamtkunstwerk' schaffen und inszenieren, ein Kunstwerk, dessen Inhalt er selbst ist.[14]

Die Frage nach dem Sinn des Lebens, des eigenen wie des fremden, die Fragen der persönlichen Lebensgestaltung wie auch die Frage nach den Regeln im Umgang mit anderen Menschen rücken damit mehr und mehr in den Fokus der Identitätsbildung und werden zu Aufgaben, denen sich nicht erst Jugendliche, sondern bereits Kinder stellen müssen. Geregelte Tagesabläufe bei Kindern und Jugendlichen gehören ebenso der Vergangenheit an wie standardisierte Bildungsbiografien oder Verhaltenskodices im Umgang mit der eigenen Zeit, dem anderen Geschlecht oder Menschen anderer Generationen. Dabei ist nicht etwa der Verlust der Werte zu diagnostizieren, sondern vielmehr eine Anhäufung von unterschiedlichen, teils auch einander widersprechenden Werten und der jeweiligen Tugend, sich gemäß dieser Werte zu verhalten. Werterelativismus und persönliche Sinnkrise konvergieren nicht selten miteinander. Pädagogische Rezepte zur Bewältigung dieser Krise reichen von der Akklamation einer *Tugend der Orientierungslosigkeit*

> Die neue Orientierungslosigkeit [...] ist der Vorbote einer Kultur, in der jeder in der Lage sein wird, aus dem Warenkorb der Identitäten die unterschiedlichsten Angebote wahrzunehmen.[15]

12 Gerhard Schulze, Die Sünde – Das schöne Leben und seine Feinde, München: Hanser Verlag, 2006, S. 246

13 Deutsche Shell (Hg.), Jugend 2000 – 13.Shell Jugendstudie, Bd.1, Opladen: Leske und Budrich Verlag, 2000, S. 94

14 Ebd., S. 95

15 Goebel, Johannes/Clermont, Christoph, Die Tugend der Orientierungslosigkeit, Hamburg: Rowohlt Verlag, 1999, S. 62

bis hin zur *Erklärung des Erziehungsnotstands*[16] und der Forderung nach einem neuen Normenkonsens am *Ende der Spaßgesellschaft:*

> Im Trend liegt, wer nach Werten ruft. Doch was uns fehlt, sind nicht nur die Werte an sich, es sind die gemeinsamen Werte. [...] Die Subjektivierung der Ethik führt in die Krise. Wo der Mensch keine Werte-Instanz über sich duldet und sich selbst der höchste Norm-Geber und Richter ist, kann kein lebensnotwendiger Normenkonsens entstehen.[17]

Evangelischem Religionsunterricht wird deshalb häufig von Seiten der Eltern, Schulleitungen und Lehrkräften im Fächerkanon der Schule die Funktion eines Werteunterrichts zugewiesen. Eine solche Instrumentalisierung des Religionsunterrichts greift zu kurz. Zum protestantischen Profil des evangelischen Religionsunterrichts gehört eine Persönlichkeitsbildung, die den Glauben *und* die ethische Urteilsbildung umfasst. Er dient nicht allein der moralischen Aufrüstung von Schülerinnen und Schülern mit einem vorgegebenen Wertekanon. Er wird seine Aufgabe vielmehr dann erfüllen, wenn er Schülerinnen und Schülern ermöglicht, sich im Dickicht des Wertekosmos zu Recht zu finden und Orientierungs- und Handlungsstrategien zu entwickeln, um jene Werte in die eigene Persönlichkeitsbildung zu integrieren.

Evangelischer Religionsunterricht wird deshalb Anlässe dazu bieten, in die von Gerhard Schulze geforderte *Distanz des Beobachters* zu schlüpfen, um darin die Werte, die andere Menschen zu ihrem Handeln und ihre Haltungen motivieren, zu reflektieren und zu kritisieren. Wertekanons der biblischen, jüdisch-christlichen Tradition, wie sie sich unter anderem im Dekalog niedergeschlagen haben, werden dabei nicht als überzeitlicher Normenkodex[18] in das Unterrichtsgeschehen eingebracht werden, sondern ebenso als Werte, die reflektiert, kritisiert und unterschiedlich hierarchisiert werden können. Unter dem Leitgedanken der Verantwortlichkeit können sie für das eigene und für fremde Leben verbindlich gemacht werden.

Darüber hinaus wird evangelischer Religionsunterricht im Zusammenhang mit ethischen Fragestellungen immer auch die Gottesfrage ins Gespräch bringen. Religion und Ethik sind nicht voneinander zu trennen. Die Frage nach Gott gehört in den Zusammenhang gerade eines sich wandelnden Lebenszyklus.[19] Die folgenden Unterrichtssequenzen verfolgen damit den *didaktischen Leitgedanken,* Schülerinnen und Schüler zur Auseinandersetzung mit unterschiedlichen Wertvorstellungen der individuellen Lebensgestaltung wie des verantwortlichen Umgangs miteinander anzuregen und eigene Wertvorstellungen unter der Perspektive der Verantwortlichkeit gegenüber anderen Menschen und gegenüber Gott zu diskutieren.

Die in diesen Unterrichtssequenzen eingesetzten Kurzspielfilme und Zeichentrickfilme *Tony; Selma - das Schaf; Grandpa* und *Gottes Besuch* erweisen sich deshalb als *geeignete Medien,* weil sie durch das dargestellte Umfeld (Steinzeit, Schafherde, das kleinbürgerliche Kolorit der 50er Jahre und das surrealistische Ambiente der 70er Jahre) die notwendige Distanz schaffen und durch die Mittel der Übertreibung, Komik, Satire und Parodie zu Kritik und Gegenentwurf herausfordern.

Die Medien: Die Filme Tony; Selma; Grandpa; Gottes Besuch

Der Film *Tony* parodiert den Mythos des Selfmade-man. Innerhalb von zwei Minuten wird in diesem Animationsfilm der Tagesablauf eines Steinzeitmenschen beschrieben, der alles – vom

16 Gerster, Petra/ Nürnberger, Christian, Der Erziehungsnotstand, Berlin: Rowohlt Verlag, ^{3}2001

17 Hahne, Peter, Schluss mit lustig – Das Ende der Spaßgesellschaft, Lahr/Schwarzwald: Verlag der St.-Johannis-Druckerei, ^{33}2005, S. 34

18 Zum sozialgeschichtlichen Entstehungshintergrund des Dekalogs siehe Frank Crüsemann, Bewahrung der Freiheit. Das Thema des Dekalogs in sozialgeschichtlicher Perspektive, München: Christian Kaiser Verlag, 1983; zum Gebrauch bzw. Missbrauch des Dekalogs als überzeitliche göttliche Gesetzestafeln siehe Friedrich Wilhelm Graf, Moses Vermächtnis – Über göttliche und menschliche Gesetze, München: Verlag C.H.Beck, 2006.

19 Siehe dazu Friedrich Schweitzer, Postmoderner Lebenszyklus und Religion. Eine Herausforderung für Kirche und Theologie, Gütersloh: Gütersloher Verlagshaus, 2003.

Rhinozerosfang bis zur Fabrikation von Sanduhren und dem allein gestalteten Feierabend vor dem Fernsehgerät – *allein* macht und auf niemanden sonst angewiesen ist. Wenn er dabei aus Steinblöcken zunächst Sand produziert und kein Abnehmer für seine Sanduhren zu sehen ist, wird für den Zuschauer gleichzeitig der Sinn seines Alltags in Frage gestellt. Der Film endet mit dem Kommentar: „Das war Tonys selbst gemachter Arbeitstag. Wenn Sie alles über Tonys Wochenende und Tonys Sexualleben erfahren wollen, dann verpassen Sie nicht Teil zwei und Teil drei."

Der dreiminütige Zeichentrickfilm *Selma – das Schaf* schildert, wie das Schaf Selma seine Tage verbringt: Bei Sonnenaufgang frisst es etwas Gras; dann redet es mit den Kindern, damit diese das Sprechen lernen; anschließend treibt es etwas Sport (mit den anderen Schafen und dem Fuchs!) und frisst wieder Gras; am Abend plaudert es mit Frau Maier, einem Geier, und schließlich fällt es in einen tiefen, wohltuenden Schlaf. Diese Aufzählung wiederholt sich auch, als Selma gefragt wird, was sie tun würde, wenn sie mehr Zeit hätte, und, in einem dritten Durchgang, was sie tun würde, wenn sie im Lotto gewänne. Der Zuschauer gewinnt aus den Bildern und dem Kommentar der Erzählerin den Eindruck, dass das Schaf im Fall von Zeit- und/oder Geldgewinn seinen gewohnten – im *Zusammenleben miteinander* – ritualisierten Tagesablauf noch intensiver durchleben würde.

Der fünfminütige Film *Grandpa,* ein Realfilm, kommt ohne Worte aus: Eine Familie – Großvater und Großmutter, Schwiegersohn und die erwachsene Tochter mit einem Baby an ihrer Brust – sitzen in einer ersten Szene am Tisch beim Abendessen. Es geht dabei um die *Wertschätzung,* die die Generationsmitglieder einander entgegenbringen. Der Opa versucht durch alle möglichen Dinge auf sich aufmerksam zu machen, erntet dafür aber nur abweisende Blicke und Gesten der anderen Personen, das Baby im Arm der Tochter steht demgegenüber ganz im Mittelpunkt. Der Opa ist ärgerlich.

In der zweiten Szene ist es Nacht. Alle Personen schlafen. Der Opa steht auf, nimmt das Baby aus dem Körbchen und legt es in den Backofen. Anschließend gießt er Benzin aus und zündet das Haus an. Er greift zum Telefon und ruft die Feuerwehr an.

In der dritten Szene kommt die Feuerwehr, die Familie wird gerettet. Als der Großvater von einem Feuerwehrmann aus dem Haus getragen werden soll, reißt er sich los, rennt zurück ins Haus und kommt mit dem Baby auf dem Arm aus dem brennenden Haus. Der Großvater steht im Mittelpunkt. Nun ist er es, den die Tochter an ihre Brust drückt. Alle klatschen, ein Fotograf schießt ein Foto.

Der Film *Gottes Besuch* ist eine Schwarz-weiß-Verfilmung in kontrastreichem grünlichen Sepia und erzeugt eine surreale Stimmung, in der *die Frage nach Gott und Glauben* gestellt wird: Als Philipp, der Sohn der Familie Deutschmann, die Haustür öffnet, steht ein Mann davor, der mit seinen Eltern sprechen möchte. Er stellt sich als Gott, „lieber Gott", vor. Im Wohnzimmer eröffnet Gott den Deutschmanns, dass sie derzeit keine Chance hätten, in den Himmel zu kommen, weil es ihnen am wahren Glauben fehle. Er verlangt als Beweis für ihre Glaubenstreue in Analogie zu Abraham (Gen 22) die Opferung Philipps. Daraufhin kommt es zu einer tätlichen Auseinandersetzung zwischen Gott und Philipps Vater, die schließlich zum *Tod Gottes* führt. Herr und Frau Deutschmann bestatten Gott heimlich und sprechen an seinem Grab das Vater Unser.

Die *methodische Grundidee* der Unterrichtssequenzen ergibt sich aus der gestalterischen Perspektive dieser Kurzspielfilme, die zu genauem Hinsehen und Hinhören einladen. Mehrfache Präsentation der Filme, der Einsatz von Standbildern zwischen einzelnen Szenen, das Nachspielen oder Weiterspielen einzelner Szenen, Entwickeln alternativer Fortsetzungen sowie das spekulative Weiterdenken der offenen Enden der Filme und schließlich die kritische Gegenüberstellung der unterschiedlichen Verhaltensweisen und Lebensentwürfe der Protagonisten sind die methodischen Grundelemente der Unterrichtssequenzen.

Da Tony eher männliche Verhaltensstereotypen präsentiert, Selma aber eher weibliche Verhaltensstereotypen, hat es sich in der unterrichtspraktischen Erprobung als sinnvoll erwiesen, bei eher von Mädchen dominierten Lerngruppen mit dem Film *Selma, das Schaf* zu beginnen, bei von Jungen dominierten Lerngruppen mit dem Film *Tony,* um dann in einem zweiten Schritt die Lerngruppen mit dem jeweils anderen Film zu konfrontieren.

Materialien

- Tony, Animationsfilm von Simon Piniel, Produktion Schule für Gestaltung, Zürich 1996, s/w – 2 Min., im Vertrieb der Matthias-Film gGmbH, Stuttgart
- Selma – das Schaf, Animationsfilm, Deutschland 1998, Buch: Jutta Bauer, Regie: Alexandra Schatz, Produktion: SWR Stuttgart für die Sendung mit der Maus, 3 Min., im Vertrieb der katholischen Filmwerk GmbH
- Grandpa, Kurzfilm ohne Dialog, Frankreich 1998, Regie: Andy Shelley, Produktion: Smoked Salmon Films, London, und Lazennec Tout Chourt, Paris, 5 Min., im Vertrieb der katholischen Filmwerk GmbH
- Gottes Besuch, Kurzspielfilm (sw), Deutschland 1998, 11 Min., im Vertrieb der katholischen Filmwerk GmbH
- Arbeitsblätter M1 – M18

Die Filme im Unterricht

1. Tony, der Self-made-man

Didaktischer Leitgedanke

Der Mythos vom Self-made-man gehört zum Steigerungsspiel der Moderne[20] und entspricht den Individualisierungstendenzen der Spätmoderne. In diesem Mythos spiegelt sich zudem der Wunsch von Jugendlichen nach Unabhängigkeit, Selbstständigkeit und Entscheidungsfreiheit. „Sich von niemanden hereinreden zu lassen", „seine Sache selbst in die Hand zu nehmen" und „niemandem verpflichtet zu sein" gehören zu den Handlungsmotiven dieser im Extremfall egoistischen Lebensplanung und Gestaltung. Werbesprüche „Mach dein Ding!" – „Geht nicht, gibt's nicht!" – „Nichts ist unmöglich!", könnten die ethischen Maximen einer solchen Perspektive sein. Die Figur des Tony repräsentiert dabei die eher gendertypisch männliche Rolle. Die Auseinandersetzung mit dem diese Lebensweise satirisch und überspitzt kommentierenden Kurzspielfilm *Tony* verfolgt die Absicht, Schülerinnen und Schüler mit den Motiven und Konsequenzen einer solchen Lebensgestaltung für das eigene Leben wie für das ihrer Mitmenschen zu konfrontieren und zu eigener Stellungnahme anzuregen.

Verlauf

1. Arbeitsschritt:
Tony – der Alltag eines Self-made-man

L zeigt den Film zunächst ohne einleitenden Kommentar, anschließend wird im Plenum der Film rekonstruiert („Was habt ihr gesehen? Was habt ihr gehört?" – Interpretationen werden noch nicht zugelassen). Nach einer weiteren Filmpräsentation zeigt L auf dem OHP die Folie M1 (Der Text auf der rechten Seite und die Überschrift oben links sind zunächst abgedeckt). Impuls: „Das ist Tony. Beschreibt Tony und seinen Alltag." Ergebnisse werden links unter dem Bild von TONY auf die Folie geschrieben. Anschließend wird der Sprechtext des Films auf der Folie aufgedeckt und gemeinsam gelesen.

Im Unterrichtsgespräch wird nun zu Stellungnahmen zum Lebensstil des Tony motiviert:

> Macht Tony alles richtig, was macht er falsch? Möchtet ihr wie Tony leben? Was fehlt euch an ihm und seinem Alltag?

Dabei fließen ggf. die folgenden Definitionen zum Self-made-man ein:

- Self-made-man: wer sich durch eigene Kraft emporgearbeitet hat.
- Self-made-man: jemand, der ohne Unterstützung Erfolg hat.
- Der Self-made-man: derjenige, der ganz von unten beginnt.

Welche der Beschreibungen aus Lexika trifft für Tony zu? Fragen an Tony und seinen Lebensstil werden ggf. auf der Folie festgehalten.

20 Siehe dazu Gerhard Schulze, Die beste aller Welten – Wohin bewegt sich die Gesellschaft im 21.Jahrhundert, Frankfurt/M.: Fischer Verlag, 2003, vor allem S. 81ff.

2. Arbeitsschritt: Tony – das Interview mit einem Self-made-man

L führt in den nächsten Arbeitsschritt ein:

> Über Tonys Leben bleiben Fragezeichen. Warum lebt er so, wie er lebt? Man müsste ihn selbst fragen, ein Interview mit ihm machen!

Im Folgenden entwerfen Kleingruppen Interviews mit Tony. Dabei kann auf die vorgefertigten Fragen (Arbeitsblatt **M2**) zurückgegriffen werden oder die Schülerinnen und Schüler entwickeln aufgrund von Arbeitsschritt 1 eigene Fragen (Arbeitsblatt **M3**). Es kann sich als sinnvoll erweisen, geschlechtshomogene Gruppen zu bilden.

Die Interviews werden im Plenum vorgestellt und verglichen. Anschließend fertigt jeder Schüler/jede Schülerin für Tony eine Wertepyramide auf dem Arbeitsblatt **M4** und vergleicht sie mit seinen Sitznachbarn. Im Plenum wird eine gemeinsame Lösung für die Wertepyramide gesucht. Ggf. werden zwei oder drei Alternativen gewählt. Tonys Wertepyramide wird auf ein großes Plakat geschrieben.

3. Arbeitsschritt:
Tony – sein Wochenende und sein Sexualleben

Als Bündelung können Kleingruppen Texte (oder ein Drehbuch/ Comic) zum „angekündigten" zweiten und dritten Teil des Tonyfilms erstellen. Dazu erinnert L an die letzten Sätze des Kommentators:

> Wenn sie alles über Tonys Wochenende und Tonys Sexualleben erfahren wollen, dann verpassen sie nicht Teil zwei und Teil drei.

Auch hier könnten geschlechtshomogene Gruppen gebildet werden. Im Text der Gruppen sollen jeweils mindestens fünf der Begriffe aus Tonys Wertepyramide auftauchen. Im abschließenden Plenum legt L den Schwerpunkt auf die Frage: Wie wirken sich Tonys Lebenswerte auf seine Freizeit und seinen Umgang mit anderen Menschen aus?

2. Selma – das Schaf

Didaktischer Leitgedanke

Der Film *Selma – das Schaf* setzt vielfältige Assoziationen frei. Es geht um Fragen der Lebensgestaltung: Was und wer ist mir wichtig? Was ist der Sinn meines Lebens? Was ist Glück? Wie gehe ich mit meiner Zeit sinnvoll um?

Die Antwort des Schafes, gemeinhin Symbolfigur für Einfältigkeit und Naivität, überrascht: Es ändert sich nichts. Erst beim mehrmaligen Ansehen des Films fällt auf, dass – dargestellt in der Sprache der Erzählerin – Selma eigentlich „noch intensiver" trotz „mehr Zeit" und „Lottogewinn" ihr bisheriges Leben lebt.

Verlauf

1. Arbeitsschritt: Ein Tag im Leben von Selma

Es bietet sich an, im ersten Durchlauf vor der Szene zu stoppen, als Selma gefragt wird, was sie machen würde, wenn sie mehr Zeit hätte. Ein freies Unterrichtsgespräch beschäftigt sich zunächst mit den ersten spontanen Äußerungen. Anschließend wird der Tagesablauf von Selma nachgezeichnet, ein Tagesplan wird an der Tafel festgehalten oder jeder Schüler/jede Schülerin fertigt zunächst mit Hilfe des Arbeitsblattes **M5** einen Tagesplan an. Dazu werden die Personen (Lämmer, Fuchs, Geier, andere Schafe) mit Hilfe der Szenenbilder zugeordnet. Unter oder über das Tafelbild wird die Frage geschrieben: „Ist Selma glücklich?" Alternative Antworten auf die Frage werden im Unterrichtsgespräch beraten und ggf. an der Tafel festgehalten.

2. Arbeitsschritt:
Selma, die Zeit und der Lottogewinn

M6 wird als Plakat oder Folie gezeigt: Was würden Sie tun, wenn Sie mehr Zeit hätten? Was würden sie tun, wenn Sie im Lotto gewinnen? Mögliche Antworten werden in Sprechblasen auf das Plakat geschrieben (eventuelle stille Schreibmeditation an mehreren Tischen). Anschließend wird der Film ein zweites Mal gezeigt bis zum Schluss.

Nach einer Spontanphase werden die Antworten auf dem Plakat mit dem Fortgang des Films verglichen. Eine weitere Gesprächsphase steht unter der Fragestellung: Ist Selma dumm? Warum ändert sich nichts oder ändert sich doch etwas?

Alternativ oder hintereinander kann der Text der Sprecherin genau analysiert werden und das Verhältnis Selmas zu ihren *natürlichen* Feinden – Fuchs und Geier – sowie den anderen Schafen und Lämmern hinterfragt werden. Dazu können in arbeitsteiligen Gruppen auf Plakaten mit einem Szenenausschnitt (**M7**) Stellungnahmen der Tiere aufgeschrieben werden: „Was ich über Selma sagen möchte ...", die anschließend in einer Podiumsdiskussion vorgetragen und diskutiert werden.

3. Arbeitsschritt: Selmas Lebenswerte

Die Bearbeitung des Films bündelt die Erstellung einer Wertepyramide Selmas (**M8**) wie bei Tony zunächst in Einzelarbeit, dann Vergleich in Kleingruppen und Erstellung einer oder zwei gemeinsamer Lösungen im Plenum.

4. Alternative und Ergänzung

Der Film eignet sich hervorragend zum Nachspielen. Nachdem der Film mehrmals angesehen wurde und der Ablauf klar ist, werden Rollen verteilt:

1. Selma
2. Der Fuchs
3. Frau Meier, der Geier
4. Die Lämmer
5. Die anderen Schafe
6. Ein Reporter mit Mikrofon

Die Spieler übernehmen Sprechtexte oder ein oder mehrere Erzähler sprechen den Text, während die Spieler die Handlung nachvollziehen. Die Ergebnisse der Bearbeitung im Unterricht (Warum macht Selma das? Was denken die anderen über sie?) werden in die Darstellung eingebunden. Die einzelnen Szenen können ggf. durch Musik von Orffschen Instrumenten begleitet werden. Das Ergebnis kann wiederum als Film aufgenommen werden, lässt sich als Anspiel in einem Gottesdienst vorführen oder kann bei einer Schulveranstaltung einen Programmpunkt bilden.

3. Grandpa

Didaktischer Leitgedanke

Während bei der Bearbeitung von *Tony* und *Selma – das Schaf* der Fokus auf die individualethischen Entscheidungen individueller Lebensführung gelegt worden ist, lenkt der Film *Grandpa* den Blick auf das zwischenmenschliche Miteinanderumgehen und die Wertschätzung des Einzelnen in der Gemeinschaft. *Grandpa* kann deshalb als Parabel oder Interpretation des Elterngebots des Dekalogs verstanden werden. Der Film erweist sich damit in der Bearbeitung im Unterricht als kritischer Impuls und Kontrapunkt, der die eher egozentrische Perspektive „Ich und mein Leben" mit der Perspektive „Die anderen und ich" ins Gleichgewicht bringt unter der Fragestellung, welche Folge das individuelle Verhalten für die Gemeinschaft und jeden anderen Menschen hat.[21]

Verlauf

Es erweist sich als sinnvoll, bei der ersten Vorführung im Unterricht den Titel des Films auszublenden, direkt mit der Tischszene zu beginnen und nach der Szene, in der der Großvater das Haus anzündet, anzuhalten. An diesem Punkt wird zunächst das bisher Gesehene reflektiert, unterschiedliche Beobachtungen werden ggf. schriftlich an der Tafel festgehalten.

Nach der zweiten Vorführung dieser Filmsequenz kann die Lerngruppe in vier Gruppen eingeteilt werden. Jede Gruppe erhält die Aufgabe, die Geschichte aus je einer Sichtweise der drei Personen – Ehefrau, Tochter, Schwiegersohn – zu erzählen unter dem Aspekt: Warum hat mein Mann/Vater/Schwiegervater das Haus angezündet?

Eine vierte Arbeitsgruppe schildert die Ereignisse aus der vermuteten Sicht des Großvaters.

Die Ergebnisse werden auf **M9** bis **M12** festgehalten und im Plenum zusammengetragen mit der bündelnden Fragestellung: Wer ist eigentlich schuld an dem, was passiert ist? Mögliche Alternative für den Ausgang des Films werden vermutet:

21 Der didaktische Leitgedanken nimmt damit Bezug auf die ethischen Perspektiven der Sozialphilosophie Emmanuel Lévinas: „Die Beziehung zum Anderen stellt mich in Frage, sie leert mich von mir selbst; sie leert mich unaufhörlich, indem sie mir so unaufhörlich neue Quellen entdeckt. [...] Die Infragestellung meiner Selbst durch den Anderen macht mich dem Anderen in unvergleichlicher Weise solidarisch." (Emmanuel Lévinas, Die Spur des Anderen – Untersuchungen zur Phänomenologie und Sozialpsychologie, München: Verlag Karl Alber, [4]1999, S.219.224)

> Die Spannbreite der Alternativen reicht normalerweise von dem rechtzeitigen Löschen des Brandes bis zur völligen Vernichtung der Familie. Die Perspektiven von Täter und Opfer variieren. Die Frage, warum der Großvater das Enkelkind in den Backofen legt, wird von den Lerngruppen häufig nicht bearbeitet.

Das Ende des Films wird mit folgendem Arbeitsauftrag bearbeitet:

> Der Film endet mit der Szene: Ein Fotograf schießt ein Bild von der glücklichen Mutter, dem Baby und dem Großvater. Die Tochter drückt ihren alten Vater fest an ihre Brust, während er seinen Arm liebevoll um ihre Schultern legt. Am nächsten Tag erscheint das Geschehen in der Tageszeitung unter der Überschrift: „Opa rettet den Enkel aus dem Flammenmeer".

Aus verschiedenen Perspektiven wird das Ereignis kommentiert. Die Schüler gestalten eine Zeitungsseite mit Berichten, Kommentaren und Interviews der beteiligten Personen. Der Großvater schreibt am übernächsten Tag einen - sein Verhalten aufklärenden - Leserbrief an die Zeitung. Die Bearbeitung bündelt sich in der Fragestellung:

> Wie reagiere ich/wir, wenn ich/wir nicht beachtet werde(n)? Welche Regeln können wir finden, um solche Situationen zu vermeiden?

Die Regel des Elterngebotes des Dekalogs kann in diese Abschlussdiskussion eingebracht werden ebenso wie Position des *Tony* und der Selma: Wie hätten Tony, wie *Selma* anstelle von Grandpa reagiert und gehandelt?

Den Abschluss der Unterrichtssequenz könnte die Erstellung einer eigenen Wertepyramide jedes einzelnen Schülers/jeder Schülerin bilden (M13). Dabei können auch die 10 Gebote des Dekalogs insgesamt eingebracht werden, die damit unter der Perspektive der Verantwortlichkeit neue/alte Beachtung finden.

4. Gottes Besuch

Didaktischer Leitgedanke

Der sehr provokante Film vereint eine Fülle von biblischen, aber auch theologisch-philiosophischen Anspielungen und Klischees. Er empfiehlt sich für den Einsatz frühestens in der 9./10. Klasse. Vorbereitet durch die Wertediskussion der vorangehenden Filme *Tony* und *Selma - das Schaf* lässt sich die Frage nach der Verantwortlichkeit des Menschen allerdings sinnvoll ergänzen. *Gottes Besuch* dringt tief in die (theologische) Begründungsproblematik der Ethik ein. Zwei Extrempositionen von Prinzipien- und Verantwortungsethik werden hier auf die Spitze getrieben. Ist das Lebensheil abhängig vom unhinterfragbaren Willen Gottes oder wird es durch die eigene Verantwortung konstituiert? In entwicklungspsychologischer Hinsicht wird durch die Tötung des fordernden Gottes der Abschied von einer Gottesvorstellung durchexerziert, die der zweiten Stufe des Entwicklungsmodells von F. Oser/P. Gmünder entspricht *(do-ut-des)*[22] und ein Gottesverhältnis umschreibt, das unter dem zweiseitigen Aspekt des Gebens und Nehmens meint, Gott beeinflussen können[23]. Der Film lädt zum Nachdenken über die eigene Gottesvorstellung ein und bietet einen Ausgangspunkt, um über die biblische Gottesvorstellung des leidenden, mitfühlenden und menschlichen Gottes ins Gespräch zu kommen.

Abgesehen von der unten ausführlich dargestellten Unterrichtsidee lässt sich der Film dementsprechend zu folgenden Themenkomplexen einsetzen:

- Der Film bietet die Möglichkeit, über verschiedene „Gottesnamen" ins Gespräch zu kommen („da ist ein Gott an der Tür"; „etwa der liebe Gott?"; „Herr Gott", „Gott reicht vollkommen" ...).
- Das Gottesbild (der strafende Gott, der liebende Gott) kann thematisiert werden.
- Wie sieht der „wahre Glaube" aus, den Gott von den Deutschmanns einfordert?

22 Fritz Oser/Paul Gmünder, Der Mensch. Stufen seiner religiösen Entwicklung. Ein strukturgenetischer Ansatz, Gütersloh: Gütersloher Verlagshaus, 2002

23 Vgl. z.B.: Godwin Lämmermann, Grundriss der Religionsdidaktik, S.56f.

- Der Mensch der Neuzeit hat Gott auf dem Gewissen. Nicht erst seit Nietzsches Rede vom „Tode Gottes" sondern schon mit dem Beginn der Neuzeit beginnt der aufgeklärte Mensch die Gottesvorstellung zu destruieren. Andererseits steht der Kreuzestod Gottes pro nobis im Zentrum des christlichen Glaubens.

Die hier dargestellte Unterrichtsidee bezieht sich auf den (un)moralischen Impetus der Geschichte: Gott mehr gehorchen als dem gesunden Menschenverstand?

Verlauf

1. Arbeitsschritt: „Was machen wir denn so schrecklich falsch?"

L zeigt den Film ohne einleitenden Kommentar bis zu der Szene, in der „Gott" den beiden Eltern, Claudia und Thomas, eröffnet, dass sie in die Hölle kommen. Nach Claudias Frage stoppen – Claudia: „Was machen wir denn so schrecklich falsch?"

L legt die Folie 1 (**M14**) mit dem Bild von Claudia auf den OHP und stellt den Arbeitsauftrag ans Plenum:

> Denkt darüber nach, gegen welche Gebote die Deutschmanns verstoßen haben könnten (ggf. welche Normen und Werte sie missachtet haben könnten), um so ein hartes Urteil zu verdienen.

Die Antworten werden gesammelt und im freien Kasten unter der Folie aufgeschrieben.

Als weiterer Impuls für die Diskussion wird Folie 2 (**M15**) mit der Fortsetzung des Dialogs auf Folie 1 aufgelegt. An dieser Stelle ist im Unterrichtsgespräch die Auseinandersetzung darüber möglich, was „Gott" mit wahrem Glauben bzw. Gottesfurcht meinen könnte.

2. Arbeitsschritt: „Wir können uns doch auch sicher anders einig werden."

L zeigt die Fortsetzung des Films bis zu der Stelle, an der sich Claudia aufgebracht gegen Thomas wendet, der die Opferung seines Sohnes scheinbar in Betracht zieht – Claudia: „Kommt überhaupt nicht in Frage!"

Überleitung: Zwischen Claudia und Thomas entbrennt eine Diskussion, ob sie dem Befehl Gottes gehorchen sollen oder nicht. L legt Folie 3 (**M16**) auf. Arbeitsauftrag:

> Überlegt in Partnerarbeit oder Kleingruppenarbeit, wie sich die beiden entscheiden werden, und erzählt die Geschichte von „Philipps Opferung" zu Ende. Schreibt ein kurzes Drehbuch, das ihr euch gleich gegenseitig vorstellen könnt. Damit ihr einen Anhaltspunkt habt, lege ich euch ein Standbild der letzten Szene des Films auf.

Folie 4 (**M17**) wird über Folie 3 auf den OHP gelegt.

3. Arbeitsschritt:
Gott ist tot – was bleibt dem Glauben?

Nach Vorstellung und Besprechung der Ergebnisse wird der Film zu Ende gezeigt. Durch Folie 4 wurde suggeriert, dass die Deutschmanns Gottes Befehl gehorchen und ihren Sohn opfern. Im Schlussabschnitt kommt es anders: Die „Gottesvorstellung" vom kleinlichen Gott, der durch Opfer zu besänftigen wäre, muss beerdigt werden.

> Nachdem Gott eine unerträgliche Forderung gestellt hat, wird er von den Deutschmanns erschlagen und beerdigt. Im Folgenden werden wir uns damit beschäftigen, wie berechtigte Forderungen Gottes aussehen könnten, die einen *wahren Glauben* bzw. *echte Gottesfurcht* dokumentieren.
>
> Erarbeitet in Kleingruppen Verhaltensweisen und Haltungen, an denen man eurer Meinung nach einen *wahren Glauben* ablesen könnte.

4. Arbeitsschritt: Also hat Gott die Welt geliebt...

Schon die vermeintliche Opferung Isaaks (Gen 22,1–19) gipfelt in der Absage Gottes an alle Menschenopfer. Das Neue Testament verschärft diese Absage dadurch, dass Gott sich selbst für den Menschen opfert. Die dogmatische Sprache fasst dieses bedingungslose Einstehen Gottes für den Menschen in der Aussage zusammen, dass Jesus Christus für die Sünden der Menschheit am Kreuz stirbt. Anhand zweier ausgewählter Bibeltexte soll das Verhältnis des biblischen Gottes zur Frömmigkeit der Menschen herausgearbeitet werden.

L teilt das Arbeitblatt (**M18**) aus.

> Arbeite anhand der Bibeltexte den Unterschied zwischen der biblischen Gottesvorstellung und dem Gottesbild des Films heraus. Lege einen Schwerpunkt auf die Frage des Opferns und des Gehorsams.

M1 Tony – der Self-made-man

Das ist Tony. Tony ist ein Selfmademan.
Er trägt selbst gemachte Hosen,
hat einen selbst gemachten Steinhammer und
lebt in einer selbst gemachten Höhle
auf einem selbst gemachten Hügel.

Jeden Morgen geht er runter ins Tal,
um sich sein Frühstück zu besorgen.

Jetzt hat er gerade ein Rhinozeros gesichtet.
Das wäre genau das Richtige für ihn.
Bei Tonys genialer Angriffstechnik hat das Rhinozeros
keine Chance zu fliehen.
Er benutzt kurz seinen großen Steinhammer und
fängt so das Tier mit Leichtigkeit.
Na dann – Mahlzeit!

Am Nachmittag geht er ins benachbarte Steinfeld.
Er wählt sorgfältig einige geeignete Steinblöcke aus
und trippelt diese in den Garten seiner selbst
gemachten Höhle.
Hier spaltet er sie systematisch.
Er produziert immer kleinere Bruchstücke und
entwickelt dabei eine unglaubliche Geschwindigkeit.
Am Ende gewinnt er Sand für seine
Armbanduhrenproduktion.

Wie man gleich sieht, war das wieder ein erfolgreicher
Tag für Tony im Überlebenskampf in freier Wildbahn.

Jetzt machen wir uns einen ruhigen Abend.

Hintergrundgeräusch eines laufenden Fernsehers, der ein Fußballspiel überträgt. Tony schreit „TOR"

Das war Tonys selbst gemachter Arbeitstag.

Wenn sie alles über Tonys Wochenende und Tonys
Sexleben erfahren wollen, dann verpassen sie nicht Teil
zwei und Teil drei.

Ein Interview mit Tony

M2

Beantworte die Fragen, wie Tony es vielleicht täte.

Tony, was ist dir besonders wichtig an einem Tag in deinem Leben?

Manchmal denkt man ja:
„Ich müsste mal was anderes machen?"
Was würdest du anders machen, Tony?

Tony, das ist jetzt eine ganz schwierige Frage:
„Was ist deiner Meinung nach der Sinn des Lebens?"

Tony, was ist Glück?

Tony, du verkaufst Sandarmbanduhren an andere Leute. Was meinst du, denken deine Kunden und Kundinnen von dir?

Tony, du schaust gerade auf die Uhr!
Wenn der Tag eine Stunde mehr hätte,
was würdest du in der 25. Stunde tun?

Tony, wenn du so viel Geld hättest,
dass du nicht mehr arbeiten müsstest,
was würdest du tun?

M3 Ein Interview mit Tony

Stelle Tony deine eigenen Fragen. Dein Nachbar kann „als Tony" antworten.

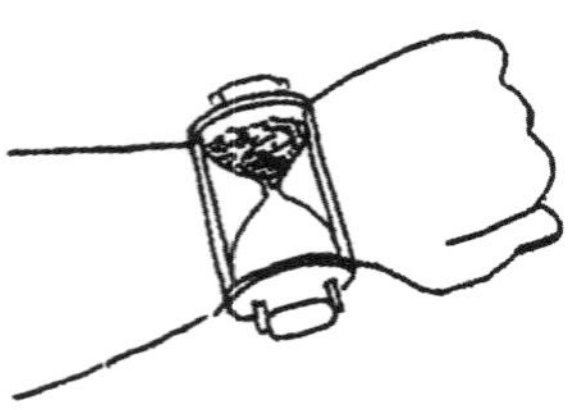

Tonys Wertepyramide

Tony hat sein Leben auf bestimmten Werten aufgebaut, die er für gut und richtig hält.
Wähle 10 Begriffe aus und ordne sie in die Wertepyramide ein.
Oben steht der Wert, den Tony für den wichtigsten hält usw.
Wenn du meinst, dass ein Wert, der Tony wichtig ist, in der Liste fehlt, ergänze ihn.

Glück – Gesundheit – Gemeinschaft – Friede – Entfaltungsmöglichkeit – Selbstständigkeit – Verantwortung gegenüber anderen – Reichtum – Liebe – Freundschaft – Vertrauen – Selbstsicherheit – frei sein – unabhängig sein – Geborgenheit – Arbeit – Sicherheit – Sorglosigkeit – Familie – Kinder – Ruhe – Stärke – Vergnügen – Verzicht – Ordnung – Freundschaft – Gerechtigkeit – Ausbildung – Verständnis – Gleichberechtigung von Mann und Frau – Familie – Geld – Genuss – Eigenständigkeit – Kooperation – Toleranz – ...

M5 Ein Tag im Leben vom Selma

Ordne die Bilder dem Tagesablauf des Schafes Selma zu und beschreibe, was sie tut!

Selma, die Zeit und der Lottogewinn

M7 Was ich über Selma sagen möchte...

Selmas Wertepyramide

M8

Selma hat ihr Leben auf bestimmten Werten aufgebaut, die sie für gut und richtig hält.
Wähle 10 Begriffe aus und ordne sie in die Wertepyramide ein.
Oben steht der Wert, den Selma für den wichtigsten hält usw.
Wenn du meinst, dass ein Wert, der Selma wichtig ist, in der Liste fehlt, ergänze ihn.

Glück – Gesundheit – Gemeinschaft – Friede – Entfaltungsmöglichkeit – Selbstständigkeit – Verantwortung gegenüber anderen – Reichtum – Liebe – Freundschaft – Vertrauen – Selbstsicherheit – frei sein – unabhängig sein – Geborgenheit – Arbeit – Sicherheit – Sorglosigkeit – Familie – Kinder – Ruhe – Stärke – Vergnügen – Verzicht – Ordnung – Freundschaft – Gerechtigkeit – Ausbildung – Verständnis – Gleichberechtigung von Mann und Frau – Familie – Geld – Genuss – Eigenständigkeit – Kooperation – Toleranz – ...

M9 Was ist eigentlich passiert?

Was ist eigentlich passiert?

M10

M11 Was ist eigentlich passiert?

Was ist eigentlich passiert?

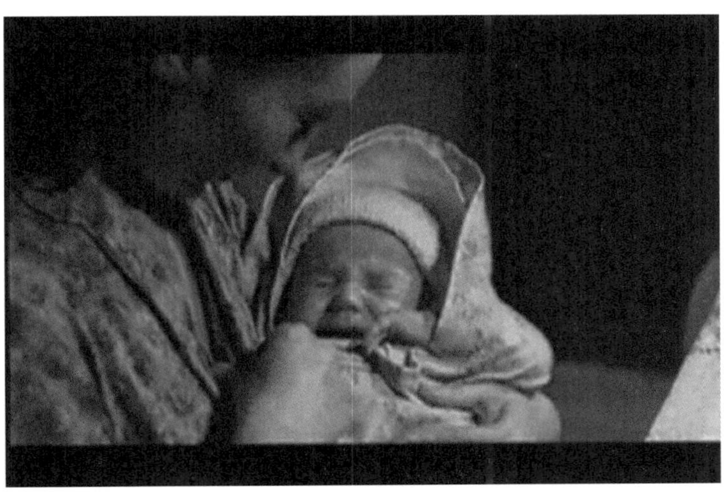

M13 Meine Wertepyramide

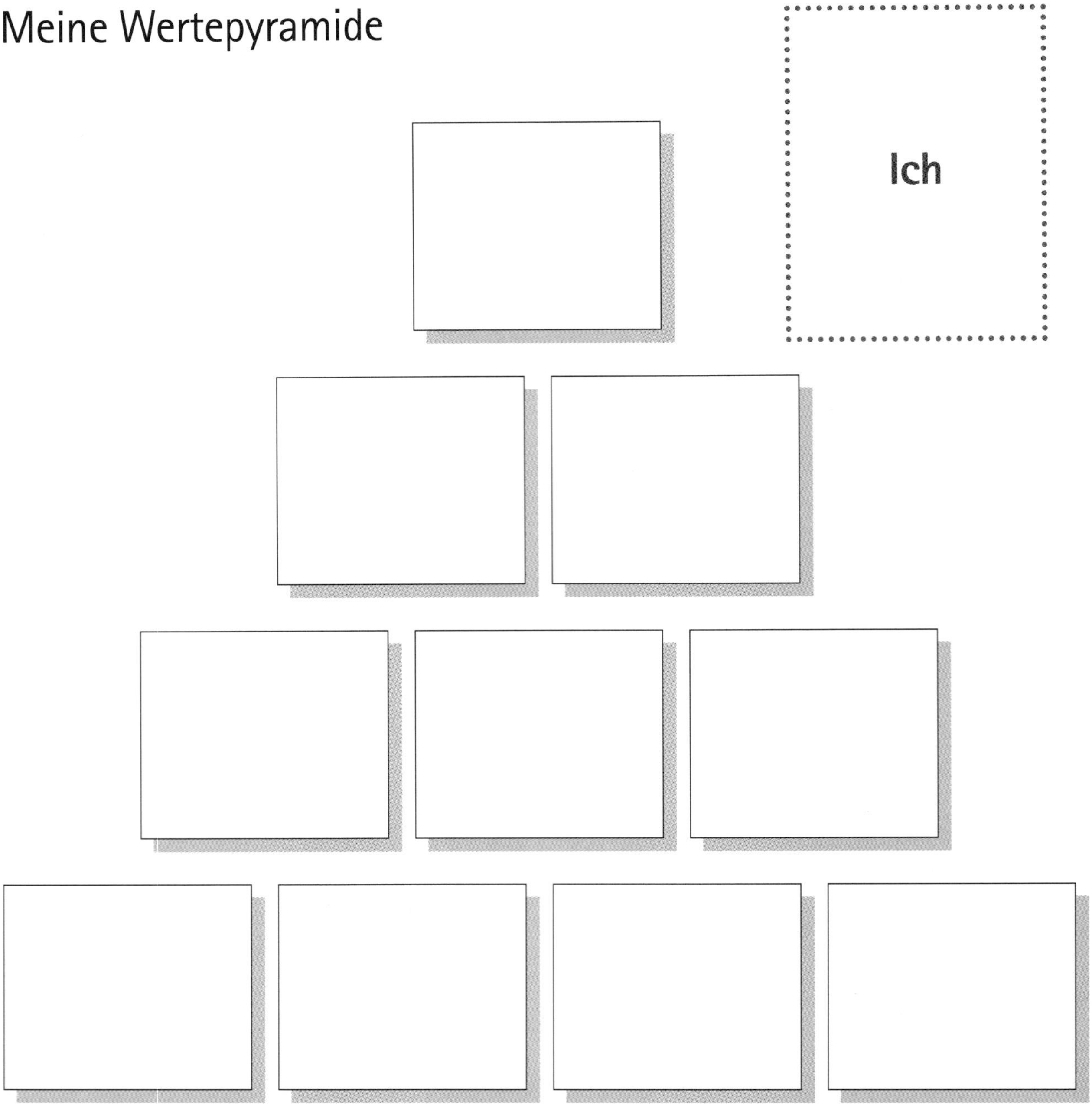

Wir bauen unser Leben auf bestimmten Werten auf, die wir für gut und richtig halten.
Wie sieht deine Wertepyramide aus?
Wähle 10 Begriffe aus und ordne sie in die Wertepyramide ein.
Oben steht der Wert, den du für den wichtigsten hälst usw.

Wenn du meinst, dass ein Wert, der dir wichtig ist, in der Liste fehlt, ergänze ihn.
Glück – Gesundheit – Gemeinschaft – Friede – Entfaltungsmöglichkeit – Selbstständigkeit – Verantwortung gegenüber anderen – Reichtum – Liebe – Freundschaft – Vertrauen – Selbstsicherheit – frei sein – unabhängig sein – Geborgenheit – Arbeit – Sicherheit – Sorglosigkeit – Familie – Kinder – Ruhe – Stärke – Vergnügen – Verzicht – Ordnung – Freundschaft – Gerechtigkeit – Ausbildung – Verständnis – Gleichberechtigung von Mann und Frau – Familie – Geld – Genuss – Eigenständigkeit – Kooperation – Toleranz – ...

Was machen wir falsch?

Was machen wir denn so schrecklich falsch?

Folie 1 GOTTES BESUCH

M15 Aber wir glauben doch ...

Gott: Was eure christlichen Pflichten anbelangt, so kann ich euch gar keinen Vorwurf machen. Die Zehn Gebote werden befolgt; Gebete – ja! Gottesdienstbesuche – halbwegs regelmäßig; Bibellektüre ...“

Claudia „Hier, ... die BIBEL, wir lesen regelmäßig darin, mit Philipp!“

Gott: „Das ist sehr schön Claudia, aber die Sache ist die, das Problem liegt ein wenig tiefer. *Ihr erfüllt zwar in lobenswerter Weise eure Pflichten*, aber woran es euch mangelt, dass ist der wahre Glaube – Gottesfurcht.

Claudia: „Aber wir glauben doch an Gott – an Sie – an Euch.“

Gott: „Das weiß ich leider besser, Claudia, und du weißt es auch besser. Und wenn sich daran nichts ändert ...“

Folie 2 GOTTES BESUCH

Was sollen wir tun?

Thomas: „Ja aber was soll'n wir denn tun?"
Gott: „Schlagt das erste Buch Mose auf Kapitel 22 und lies vor!"
Claudia: „Nach diesen Dingen geschah es dass Gott Abraham auf die Probe stellte und zu ihm sprach: ‚Abraham', worauf er antwortete ‚hier bin ich' und er fuhr fort: ‚Nimm deinen Sohn, deinen einzigen, den du so lieb hast, Isaak, ... was sollen wir – unsern Philipp?"
Gott: (nickt)
Thomas: „Moment mal, wir können uns doch auch sicher anders einig werden.
Gott: „So leid es mir tut ...
Thomas: „Na gut, wenn wir also ..."
Claudia: „Spinnst du!"
Thomas: „Jetzt warte doch mal"
Claudia: „Kommt überhaupt nicht in Frage!"

Folie 3 GOTTES BESUCH

M17 Am offenen Grab

Claudia und Thomas Deutschmann am offenen Grab

Folie 4 GOTTES BESUCH

Gethsemane

M18

Lk 22,39–46 **Jesus betet im Garten Gethsemane** 39 Jesus ging wie gewohnt zum Ölberg und seine Jünger folgten ihm. 40 Als er dort war, sagte er zu ihnen: „Betet darum, dass ihr in der kommenden Prüfung nicht versagt." 41 Dann ging er allein weiter. Einen Steinwurf von ihnen entfernt kniete er nieder und betete: 42 „Vater, wenn es dein Wille ist, dann erspare es mir, diesen Kelch trinken zu müssen. Aber dein Wille soll geschehen, nicht der meine!" 43 Da erschien ihm ein Engel vom Himmel und gab ihm Kraft. 44 In seiner Todesangst betete Jesus noch angespannter und sein Schweiß tropfte wie Blut auf den Boden. 45 Als er sich vom Gebet erhob und wieder zu den Jüngern kam, schliefen sie; so erschöpft waren sie vor Kummer. 46 „Wie könnt ihr schlafen?", sagte er zu ihnen. „Steht auf und betet, damit ihr in der kommenden Prüfung nicht versagt!"	
Joh 3,16 Gott hat die Menschen so sehr geliebt, dass er seinen einzigen Sohn hergab. Nun werden alle, die sich auf den Sohn Gottes verlassen, nicht zugrunde gehen, sondern ewig leben.	

9./10. Klasse

Ist Gott crazy?

Amazon

Einleitung

Die Medien: Buch, Film und Hörbuch „Crazy"

Das Buch Crazy des damals erst 17-jährigen Benjamin Lebert erschien 1999 mit gewaltigem Medienspektakel. Das Buch wurde u.a. in eine Reihe mit Salingers „Der Fänger im Roggen" und anderen Romanen der Jugendkultur gestellt. Große Verbreitung fand das Buch durch seine Verfilmung bereits ein Jahr nach seiner Erscheinung sowie durch die Herausgabe einer Hörbuchfassung, die der Autor selbst spricht. Der Entstehungslegende nach schrieb Lebert das Buch während eines Internatsaufenthaltes auf Schloss Neubeuren, zu dem er aufgrund schlechter Noten in Deutsch nach Schulabbrüchen in fünf anderen Schulen gekommen ist.

Erzählt wird der nur wenige Monate dauernde Aufenthalt des 16-jährigen Benjamins auf dem Internatsschloss Neuseelen. Das recht einfach strukturierte Buch erzählt vom Leben im Internat, von nächtlichen Zusammenkünften auf dem Mädchentrakt und ersten sexuellen Erfahrungen, von Begegnungen beim Freigang ins Dorf und von einem Ausreißversuch nach München, der in einem Striplokal endet. Dieser Plot bietet dem Autor reichlich Gelegenheit, in den Dialogen einer heterogen zusammengesetzten Jungenclique Diskurse über Gott, die existentielle Bedeutung von Literatur und den Sinn des Lebens zu führen.

In den Dialogen der Internatsschüler wird die Frage nach dem Sinn des Lebens („Warum haben wir das jetzt gemacht?", a.a.O., S. 33) in eigentümlicher Weise mit der Frage nach Gott verknüpft („Ich glaube, genauso hat es Gott gewollt." a.a.O., S. 33). Gottesbilder verschränken sich mit Lebenserfahrungen. Die Haltestelle/das Internat Neuseelen wird zum Symbol für das psychosoziale Moratorium der Pubertät, in dem sich Jugendliche auf dem Weg befinden, ihre eigene Identität zu suchen und darzustellen (vgl. die als Weg-Kapitel zu bezeichnenden Kapitel 2,4,5,8,10/11 und 12/13, die ebenso eine Zustandsbeschreibung der Mitglieder der Jungen-Clique sind wie Situationen, in denen sich Veränderungen vollziehen, z.B. in der gemeinsamen Lektüre von Hemingways „Der alte Mann und das Meer", siehe a.a.O., S. 141ff).

Crazy erscheint dabei als spät- oder postmoderner Bildungsroman und in seiner Filmfassung als Jugend- und Schulfilm, in dem die Frage nach der Identität des Einzelnen wie der Gesellschaft insgesamt fraglich bleibt; es werden keine billigen Lösungen der Identitäts-, Sinn- und Gottesfrage produziert. Eine Initiation in die Erwachsenenwelt, wie man sie in einem Pubertätsroman erwartet, findet nicht statt. Die Sinnfrage und die Gottesfrage werden in Crazy nicht so miteinander verknüpft, dass linear im Verlauf der Handlung eine Lösung, eine Antwort, präsentiert wird. Beide Fragen werden vielmehr offen gehalten, ja gegenüber der statischen Antwort der Kindheit werden Sinnfrage und Gottesfrage in neuem Kontakt anders artikuliert.

Mit dem Vorliegen der Erzählung als Buch, Spielfilm und Hörbuch bietet sich für den Unterricht die besondere Möglichkeit, unterschiedliche literarisch-haptische und audiovisuelle Medien miteinander ins Gespräch zu bringen. Der Film zeigt – wie häufig bei Literaturverfilmungen – eine teilweise andere, sowohl gekürzte wie auch veränderte Geschichte, fokussiert darüber hinaus aber Kern- und Schlüsselszenen der Buchvorlage und vertieft damit den Leseeindruck für Schülerinnen und Schüler. Die während einer Autorenlesung live vom Autor gesprochene Hörbuchversion ermöglicht darüber hinaus eine Verbindung zwischen fiktiver Autobiografie und Persönlichkeit des Autors. Sie bietet Anlass, den Kontakt zum Autor aufzunehmen, um ihn selbst nach den von seinen Romanfiguren aufgeworfenen Sinn- und Lebensfragen im Kontext der Gottesfrage zu befragen.

Das Buch, der Film und das Hörbuch erweisen sich damit als *geeignete Medien,* um die für den Religionsunterricht entscheidende Gottesfrage zur Sprache zu bringen und zwar so, dass sie als wechselseitige Reflexion von Gottesbild und Lebenserfahrung erfasst werden kann.

Der didaktische Leitgedanke

Der *didaktische Leitgedanke* und die *methodische Grundidee* der folgenden Unterrichtssequenzen nehmen deshalb die Lektüre einzelner Kapitel des Buches als roten Faden und greifen zur Vertiefung und Kommentierung auf die Film- und Hörbuchfassung zurück. Ein Ziel des Unterrichtsvorhabens wäre schon erreicht, wenn jeder Schüler/jede Schülerin das Buch gelesen hat und sich kritisch mit einigen Passagen auseinandersetzen kann.

Die im Buch geäußerten Gottesbilder werden nicht mit biblisch-christlichem Material konfrontiert. Dies kann einer späteren Unterrichtseinheit vorbehalten sein. Die Medien zum Buch Crazy sollen vielmehr unter dem Aspekt *Gottesbilder von Jugendlichen* gelesen, gesehen, gehört und erarbeitet werden. Dazu wird vorauslaufend ein Einstieg über von Kindern und Jugendlichen gezeichnete Bilder von Gott dienen (Bildquelle, siehe Materialangaben). Diese Bilder vermitteln auch eine Einsicht darin, dass es beim Gottesbild kein Richtig oder Falsch gibt, sondern dass eher von Angemessenheit und Unangemessenheit im Hinblick auf die eigene Lebenssituation gesprochen werden muss.

Gottesbilder sind Ausdruck von Lebenserfahrung und Lebensgefühl. Die Unterrichtssequenzen können und sollen offene Fragen lassen. Die Unterrichtseinheit kann und soll sensibel und kritisch machen für die Art und Weise, wie Menschen ihre alltäglichen Erfahrungen, ihre Lebensperspektiven und auch ihre Irrtümer und Fehler zu Recht oder zu Unrecht mit Gott in Verbindung bringen. Die einzelnen Kapitel des Buches Crazy sind damit auf ihre Weise eine Art Dilemmageschichten Jugendlicher.

Die Frage, ob es sich bei dem Buch Crazy aus literaturwissenschaftlicher Perspektive um *gute* Jugendliteratur handelt und beim Film Crazy um einen *guten* Jugendfilm handelt, stellt sich für die folgenden Unterrichtssequenzen nicht. Dies unterscheidet die Erarbeitung von Ganzschriften im Religionsunterricht von deren Lektüre und Analyse im Deutschunterricht, wobei ein fächerverbindender oder fächerübergreifender Unterricht bei der Erarbeitung von Crazy durchaus denkbar ist. Die Frage, was denn gute Literatur sei, lässt der Autor durch einen seiner Protagonisten vielmehr selbst beantworten:

> Literatur ist, wenn du ein Buch liest und unter jeden Satz ein Häkchen setzen könntest – weil es eben stimmt. Wenn jeder Satz einfach richtig ist. Wenn er etwas von der Welt preisgibt. Vom Leben. Wenn du bei jedem Absatz das Gefühl hast, dass du genauso gehandelt hättest wie die Romanfigur. Dann ist das Literatur. Davon verstehen nicht einmal Leute etwas, die etwas davon verstehen müssten. Warum machen wir uns also Gedanken darüber? Lass uns einfach lesen. Aus Freude am Lesen. Und aus Freude am Verstehen. Und lass uns nicht darüber nachdenken, ob es Literatur ist oder nicht. Das können andere tun. Wenn es tatsächlich Literatur ist, dann umso besser. Wenn nicht, dann ist es auch scheißegal (Lebert, Crazy, S. 142f.).

In ähnlicher Weise darf von der Filmfassung des Buches gedacht werden.

Materialien

- Lebert, Benjamin, Crazy, Kiepenheuer & Witsch, 1999 Taschenbuch, 175 Seiten
- Lebert, Benjamin, Crazy – Gelesen von Benjamin Lebert, Der Hör Verlag, 1999, 48 Minuten
- Crazy (Video) Verlag Claussen & Wöbe, 2000, VHS und DVD, Farbe, 93 Minuten
- Hanisch, Helmut, Die zeichnerische Entwicklung des Gottesbildes bei Kindern und Jugendlichen, Stuttgart/Leipzig: Calwer Verlag, Evangelische Verlagsanstalt, 1996, dazu: CD-ROM mit Zeichnungen *(Zusammenfassung der Untersuchungsergebnisse, exemplarische Bilder und Bestellmöglichkeit der CD-ROM unter http://www.uni-leipzig.de/ru/gottesbilder)*
- Arbeitsblätter **M1–M8**

Das Buch/der Film im Unterricht

1. Wie Menschen sich Gott vorstellen

Didaktischer Leitgedanke

Die Unterrichtsequenz verfolgt die Absicht, die Schülerinnen und Schüler mit dem Zusammenhang von Gottesbildern und jeweiliger Lebenserfahrung vertraut zu machen. Als Medien dient eine Auswahl von Bildern aus der Untersuchung von Hanisch (s. Materialangaben).[24]

Verlauf

L heftet *Gottesbilder von Kindern und Jugendlichen* als optischen Impuls an die Tafel, dann mit möglichen weiterführenden Impulsen und Arbeitsaufträgen:

> Jugendliche im Alter von 7–16 Jahren haben ihre Vorstellungen von Gott gemalt. Versucht Gemeinsamkeiten und Unterschiede zu entdecken.

Im Unterrichtsgespräch oder in Gruppenarbeit werden Kategorisierungen der Bilder ausprobiert, z.B. Gott als Symbol, Gott anthropomorph, Verweise auf biblische Geschichten, positive und ablehnende Motive. Weiterer Impuls:

> Die Bilder erzählen auch etwas über die Kinder und Jugendlichen, die sie gemalt haben. Sie erzählen von ihrem Leben und wie sie das Leben empfinden?

In Einzelarbeit kann ein Kommentare zu je einem Bild geschrieben werden, anschließend ggf. ein abschließender Galeriegang und Auswertung. L führt in das Arbeitsvorhaben ein:

> Menschen haben unterschiedliche Vorstellungen von Gott. Daraus entstehen unterschiedliche Gottesbilder. Auch Jugendliche wie ihr reden von Gott und vom Leben. Benjamin Lebert, ein Junge in eurem Alter hat sogar einen Roman, eine Autobiografie (den Begriff ggf. erklären!) dazu geschrieben. Sein Buch heißt CRAZY, es gibt zu diesem Buch sogar einen Film und eine CD, auf der der Autor aus seinem Buch liest ...

2. Ankunft auf Schloss Neuseelen – Benni und Janosch

Didaktischer Leitgedanke

Die Unterrichtssequenz verfolgt die Absicht, die Lerngruppe mit den Protagonisten des Buches *Crazy* vertraut zu machen.

Verlauf

L zeigt als Impuls die erste Sequenz aus dem Film Crazy (ca. 8 Min.). Nach einer Spontanphase erfolgt ggf. eine zweite Präsentation mit dem Arbeitsauftrag:

> Ein Junge, Benni, wird von seinen Eltern in ein Internat gebracht. Achtet darauf, was wir über Benni und einen weiteren Internatsschüler, Janosch, erfahren.

L heftet lebensgroße Köperumrisszeichnungen von Benni und Janosch an die Tafel/Seitentafel. Im Plenum wird zusammengetragen, was über Benni und Janosch bisher bekannt ist, und in die Umrisszeichnungen geschrieben.

Nach Verteilen der Bücher werden die Seiten 9–15 im Plenum vorgelesen (Alternative: Anhören der ersten 10 Minuten des Hörbuches, s. Material), anschließend Ergänzung der Umrisszeichnungen, Erklärung unklarer Begriffe (z.B. Internat, Rokoko, Kanapee, Halbseitenspasmus, Handicap ..., ggf. auch mit eigener Recherche im Lexikon, Internet etc).

Ergebnissicherung: Hausaufgabe und/oder Gruppenarbeit:

> Mit Benni und Janosch haben wir zwei Hauptfiguren von „Crazy" kennen gelernt. Auf den folgenden Seiten wird uns eine ganze Jungenclique vorgestellt.

Lesen S. 15–37; Zusammentragen von Informationen über die Mitglieder der Clique auf Arbeitsblatt **M1**.

24 Die Auswahl kann vom Unterrichtenden selbst aufgrund der Situation der Lerngruppe getroffen werden. Positive und ablehnende Bilder sowie das Lebensalter der Bildautoren sollten sich dabei die Waage halten.

3. Die Jungenclique – Peergroup und Jugendalter

Didaktischer Leitgedanke

In der herkömmlichen Entwicklungspsychologie wird die Aufgabe des Jugendalters mit der Bildung einer stabilen Ich-Identität umschrieben. Neuere Untersuchungen sprechen demgegenüber von Patchwork-Identitäten, Individualisierungen und den Aufgaben biografischer Selbstkonstruktionen. Die sog. Peergroup zeichnet sich gegenwärtig eher durch Differenzierungen als durch Homogenisierungen aus. Die Unterrichtssequenz verfolgt die Absicht, solche Tendenzen im Buch Crazy aufzuzeigen und mit eigenen Erfahrungen der Schülerinnen und Schüler zu vernetzen.

Verlauf

Als Impuls werden Umrisszeichnungen der Jungenclique an die Tafel/Wand gehängt. Die Schülerinnen und Schüler tragen die Ergebnisse der Hausaufgabe/Gruppenarbeit (Charakterisierungen der Mitglieder der Jungenclique) ein. L fasst zusammen:

> Sechs Jungen, ungleiche Typen, keiner wie der andere. Könnt ihr Beziehungen entdecken, Rangordnungen, Selbstbezeichnungen?

Plenumsgespräch (ggf. Impulse und Hinweise auf S.25 „Wir sind alle Fleischbrocken in einer verdammten Chappi-Dose ... Ich glaube, dass wir alle Helden sind ...“; S.33: „Warum haben wir das jetzt gemacht?“ – Die Zitate können als Plakate zwischen die Umrisszeichnungen gestellt werden, Schüleräußerungen werden zwischen die Umrisszeichnungen (ggf. auf Karten) geschrieben. L leitet den nächsten Arbeitsschritt ein:

> Das Jugendalter – eine schwierige Phase? Die Jungen sind etwa 14 bis 18 Jahre alt, Jugendzeit, eine schwierige oder eine schöne Zeit? Was ist wichtig in dieser Zeit, was schafft Probleme? Ein Psychologe hat aufgeschrieben, was Jugendlichen wichtig ist und welche Aufgaben sie zu bewältigen haben ...

In Einzelarbeit und anschließender Partnerarbeit wird das Arbeitsblatt **M2** bearbeitet. Die Ergebnisse werden zusammengetragen, ggf. auf Kärtchen zwischen die Umrisszeichnungen, dabei sollte auch eine Diskussion der Filmszene bei der Sexualtherapeutin erfolgen.

Ergebnissicherung: Als Hausaufgabe lesen die Schülerinnen und Schüler Kapitel 3–4 und vergleichen die Dialoge der Jungenclique mit den Aussagen von **M2**: Mit welchen Aufgaben des Jugendalters beschäftigen sich die Jungen in ihren Gesprächen?

4. Der liebe Gott und die Suche nach dem Sinn des Lebens

Didaktischer Leitgedanke

Die die Kindheit prägenden traditionellen Gottesbilder verlieren in der Jugendzeit ihre Relevanz angesichts sich differenzierender und komplexerer Lebenserfahrungen. Dies führt nicht selten dazu, die Sinnfrage (Felix: „Warum haben wir das jetzt gemacht?“) nicht mehr zu stellen (Janosch: „Leben heißt so viel wie nie darüber nachdenken“). Die Frage nach dem Sinn menschlichen Lebens führt demgegenüber zur Konfrontation mit diesen Gottesbildern gerade dort, wo – wie im Roman und im Film *Crazy* – Jugendzeit als Fadensuche bezeichnet wird, d.h. Jugendalter im Kontext von Traditionsverlust („den Faden verloren haben“) und biografischer Selbstkonstruktion erlebt wird.

Die Unterrichtssequenz verfolgt deshalb die Absicht, Schülerinnen und Schüler zur Reflexion eigener Gottesbilder der Kindheit und in ihrer gegenwärtigen Situation anzuregen, Kritik an stereotypen Gottesbildern zu ermöglichen und die Frage nach dem Sinn des Lebens als wichtige Aufgabe des Jugendalters zu erfassen.

Verlauf

Für diese Phase hat L vier Plakate vorbereitet:

Ein Gottesbild (**M3**: Gott als Mann mit Bart),

Sprechblase 1: *Du glaubst doch nicht wirklich an den bärtigen Mann im Himmel?*
Sprechblase 2: *Leben heißt so viel wie nie darüber nachdenken?*
Sprechblase 3: *Warum haben wir das jetzt gemacht?*

Je nach Klassensituation wird zunächst Sprechblase 3 als Impuls benutzt, um die Hausaufgabe einzubringen, dann ggf. das Gottesbild und als Provokation Sprechblase 1 und/oder Sprechblase 2. L leitet die nächste Arbeitsphase ein:

Wenn Menschen von Gott reden, haben sie immer ein bestimmtes Bild von Gott vor Augen. Und sie sagen damit nicht nur: So ist Gott!, sondern: So ist Gott zu mir! – Ich habe euch (noch einmal) einige Bilder von Gott mitgebracht, die Kinder und Jugendliche im Alter von 7 bis16 Jahren gemalt haben.

Wenn möglich ergibt sich ein Gesprächskreis oder Halbkreis vor der Tafel/Pinnwand. Gesprächsthema: Was haben sie die Malerinnen und Maler dabei gedacht, Gott so zu zeichnen? Je nach Klassensituation ergibt sich dann ein tieferes Gespräch: Mein eigenes Bild von Gott in der Kindheit und heute!

In der nächsten Arbeitsphase werden aus dem Buch *Crazy* die S.63 bis 65 unten gelesen: „Gott und das Leben als Fadensuche ...“ und im Unterrichtsgespräch wird vor allem folgende Aussage diskutiert, ggf. als OHP-Folie visualisiert:

> Ich glaube, wir befinden uns gerade
> in der Phase,
> wo wir noch den Faden finden müssen.
> Und wenn wir den Faden gefunden haben,
> sind wir anspruchsvoll. ...
> Vorher sind wir, so glaube ich, Fadensuchende.
> Die ganze Jugend ist ein einziges großes
> Fadensuchen.

Ergebnissicherung: L gibt Hinweis auf Sprechblase 2: „Leben heißt so viel wie nie darüber nachdenken.“ – Stimmt das eigentlich? Anschließende Bearbeitung von **M4** in Einzelarbeit und Präsentation in Kleingruppen oder Plenum.

Hausaufgabe: Ggf. Lesen Kap. 6: Das *erste Mal* auf dem Mädchenklo.

5. Der liebe Gott und das erste Mal

Didaktischer Leitgedanke

> Der liebe Gott soll ein Einsehen mit mir haben. Tun wir einfach so, als wäre nichts geschehen. [...] Meine Seele ist bleich. Ich fühle mich ganz allein. Ganz allein in dieser verfluchten großen Welt. In irgend so einem bescheuerten Internat. Neuseelen heißt es ausgerechnet. Ja, meine Seele ist neu. Das kann ich sagen. Meine beschissene Seele (Lebert, Crazy, S. 82f).

So diagnostiziert die Romanfigur Benni seine Situation nach dem ersten Geschlechtsverkehr auf der Mädchentoilette des Internats, ein Vorgang, der als Initiationsritus in die Erwachsenenwelt gänzlich fehlschlägt. Diese Erfahrung des Scheiterns oder der Selbstzweifel und die Frage nach der Schuld und Verantwortlichkeit werden aber *vor Gott gebracht.* In einem inneren Monolog wird ein Gottesbild thematisiert und kritisiert, das *Gott wegsehen lässt,* wenn menschliches Handeln fehlschlägt. Die Unterrichtssequenz bietet Gelegenheit, Fragen des verantwortlichen Umgangs mit der eigenen Sexualität zu thematisieren.

Verlauf

Diese Unterrichtssequenz bedarf gründlicher Analyse der Klassensituation. Frauen- und Männerrollen werden im Buch und im Film explizit thematisiert. Es bietet sich an, ggf. auch einmal in geschlechtshomogenen Gruppen zu unterrichten und/oder im Teamteaching mit zwei Lehrkräften beiderlei Geschlechts zu unterrichten, um der Gefahr der Genderstereotypisierung vorzubeugen. Es kommt dabei wesentlich darauf an, auf die geäußerten Gefühle von Schülerinnen und Schüler zu achten. Äußerungen anderer dürfen nicht lächerlich gemacht werden, Voyeurismus muss vermieden werden. Bewertungen von Schüleräußerungen durch den Lehrer/die Lehrerin sollten sehr vorsichtig vorgenommen werden. Die folgenden methodischen Zugänge können als Bausteine verstanden werden, die in unterschiedlicher Reihenfolge und Auswahl eingesetzt werden können:

L zeigt die entsprechende Filmsequenz aus dem Film *Crazy* als Impuls, danach folgt zunächst ein Schreibgespräch in geschlechtshomogenen Kleingruppen zu den beiden Fragen: Was spricht mich an, was stößt mich ab in dieser Szene?

Die Ergebnisse werden zunächst in der Kleingruppe gesichtet, anschließend entscheidet die Gruppe selbst, ob und welche Inhalte den anderen Gruppen präsentiert werden.

Anschließend wird mit Arbeitsblatt **M5** weitergearbeitet. Das Arbeitsblatt enthält fünf Zitate von Benni und Janosch. Der Arbeitsauftrag für wiederum geschlechtshomogene Gruppen lautet:

> Schreibt Janosch bzw. Benni einen Brief, in dem ihr zu den Äußerungen und Gedanken der beiden Stellung nehmt.

Die Briefe werden anschließend in der Gruppe des anderen Geschlechts anonym verlesen und von dort ein Antwortbrief bzw. eine Stellungnahme verfasst.

Das Arbeitsblatt **M6** lädt zu einem Gespräch zwischen Marie und Marlen über die Ereignisse des vorigen Abends ein! Nach dem Ausfüllen der Sprechblasen können die Ergebnisse mit dem besten Freund, der besten Freundin in der Klasse besprochen werden, anschließend in einer größeren Gruppe.

Nach diesen zunächst geschlechtshomogenen Bearbeitungen können in Gruppen oder als Einzelarbeit Briefe geschrieben werden: Benni schreibt Marie am nächsten Tag einen Brief und umgekehrt. Alternativ oder ergänzend wird ein Rollenspiel erprobt mit Rückgriff auf die im Film dargestellte Flurszene am nächsten Tag:

> Benni und Marie treffen sich am nächsten Tag im Flur des Internats. Anstatt wortlos aneinander vorbei zu gehen, beginnen sie zu reden.

Wo die technischen Möglichkeiten vorhanden sind, kann diese Szene mit einer Videokamera aufgezeichnet werden. Auch hier bietet die Arbeit in geschlechtshomogenen Gruppen beim Schreiben eines Drehbuchs eine interessante Variante, gendertypische Verhaltensweisen aufzudecken, zu diskutieren und zu kritisieren: Typisch Mädchen, typisch Junge?

Ergebnissicherung: Auf jeden Fall sollte abschließend S.82ff. gemeinsam gelesen werden:

S. 82 oben „Das war also mein erstes Mal ..." bis S. 83 Mitte. „Ja, meine Seele ist neu. Das kann ich sagen. Meine beschissene Seele." „Der liebe Gott soll ein Einsehen mit mir haben. Tun wir einfach so, als wäre nichts geschehen" (S. 82 unten) als Diskussionsgrundlage im Plenum:

> Geht das so einfach ..., welches Bild von Gott verbirgt sich hinter dieser Äußerung? Können wir so einfach Gott für unser Handeln bzw. unser Fehlverhalten verantwortlich machen?

6. Der liebe Gott und die Angst vorm Leben

Didaktischer Leitgedanke

„Die Bastelbiographie kann schnell zur Bruchbiographie werden"[25]. Im Roman Crazy repräsentiert die Person des schweigsamen Bettnässers Troy eine solche Bruchbiografie, der sich anders als Janosch nicht als Held bezeichnet, sondern vom Leben sagt: „Leben ist Angst haben." (Lebert, Crazy, S.89). Dem entspricht sein negatives, deistisches Gottesbild, von dem ihn Benni befreien möchte:

> „Gott hilft mir nicht", stottert Troy. „Er hilft mir einfach nicht. Fett und satt sitzt er dort oben und hilft mir nicht. [...] „Irgendwann hilft er uns, Troy", sage ich. „irgendwann. Irgendwann holt er uns aus dieser Scheiße hier unten raus und hilft uns, Troy. Dir und mir. Wir beide werden lachen. Wenn alles vorbei ist. Wenn das Leben kein großes Ins-Bett-Pissen mehr ist, Troy!" (ebd., S.90f)

Die Unterrichtssequenz verfolgt die Absicht, den Zusammenhang zwischen Troys negativer Sicht von der Welt und seinem Leben mit seinem deistisch-resignativen Bild von Gott herauszuarbeiten.

Verlauf

> Beim Lesen des Buches haben wir immer wieder entdeckt, wie die Jungenclique Bilder von Gott verwenden. Wir haben erkannt: Jedes Bild von Gott sagt auch etwas von dem Menschen, der es gebraucht. Ich habe euch heute noch ein Bild (**M7 oben**) mitgebracht, dass ein Jugendlicher gemalt hat.

Zunächst Spontanphase bei der Bildbetrachtung, dann erteilt L den Arbeitsauftrag: „Überlegt: Was sagt das Bild über Gott, was sagt es über den, der es gemalt hat!" – Äußerungen der Lerngruppe werden um das Bild herum an der Tafel festgehalten. L leitet die nächste Arbeitsphase ein:

> In der Jungenclique gibt es einen besonderen Jungen: Troy!

25 Beck, Ulrich/Beck-Gernsheim, Elisabeth: Individualisierung in modernen Gesellschaften – Perspektiven und Konsequenzen einer subjektorientierten Soziologie, in: Ders., Riskante Freiheiten, Frankfurt/M.: Suhrkamp Verlag, S. 13

L spielt die kurze Filmszene beim Besuch von Benjamin in Troys Zimmer ein und verweist auf die Umrisszeichnung von Troy und seine bisher festgestellten Eigenschaften. L sagt:

> Benjamin Lebert widmet Troy noch ein ganzes Kapitel in seinem Buch, das Kapitel 7, das wir heute gemeinsam lesen wollen.

Lesen des Kapitel 7 in Abschnitten, ggf. mit verteilten Rollen zwischen Benjamin und Troy. Weitere Eigenschaften von Troy und Benni werden in die Umrisszeichnung eingetragen. Nach der Erarbeitung des Kapitels fordert L auf, in Einzelarbeit Troys Bild von Gott malen.

Ergebnissicherung: Bildergalerie, Galeriegang und abschließendes Unterrichtsgespräch zum Thema: „Benni will Troy helfen. Ist diese Hilfe (vgl. S. 91 oben) angemessen oder eher Vertröstung?"

Hausaufgabe: Troy redet in seinem Gespräch mit Benni vom Abhauen. Das macht die Jungenclique auch wirklich. Die folgenden Kapitel erzählen von diesem Ausflug nach München. Es ist notwendig, dass ihr die Kap. 8 bis 14 an einem Stück lest.

7. Ist Gott crazy?

Didaktischer Leitgedanke

Das Wort *crazy,* das dem Buch den Titel gibt, erweist sich als Begriff, der zunächst Zustand und Handlungsweise der Jungenclique beschreibt und immer dort zur Anwendung kommt, wo die Jungen ihre Aktionen selbst nicht begreifen oder gegenüber der Handlungsweise der Erwachsenenwelt abgrenzen wollen. Später reflektiert wiederum das Gottesbild – diesmal das von Janosch – diese Lebenssituation. Problematisch wird dieses Gottesbild allerdings dort, wo es für Janosch zur Rechtfertigung einer Lebensweise dient, die auch sein Fehlverhalten einschließt. Dabei wird Janosch in den Augen der anderen zum Propheten erklärt – in deutlicher Anspielung auf Joh 8,12 und 11,25. In der Konsequenz wird damit sowohl Gott als auch die Welt für *crazy* erklärt:

> „Gott ist *crazy*", entgegnet Janosch [...] Gott will, dass wir leben. Und das tun wir auch. Ob wir das dann richtig oder falsch getan haben, das soll er schließlich selbst entscheiden. Wenn wir mal vor ihm stehen." (Lebert, Crazy, S.121)
>
> „Man kann eben nie genug verrückte Dinge tun", antwortet Janosch. „Vom Leben muss man saufen." [...] „Will der liebe Gott überhaupt, dass wir etwas verstehen? Ich glaube, der liebe Gott will erst mal, dass wir leben." (ebd., S.135)
>
> „Janosch ist das Leben. Das Licht. Und die Sonne. Und wenn es einen Gott gibt, dann spricht er durch ihn. Das weiß ich. Und er soll ihn segnen" (ebd., S.148)
>
> „Die Welt ist *crazy,*" erwidere ich. „Da hast du recht", entgegnet Janosch. „*Crazy* und schön. Und man sollte jede Sekunde ausnützen." (ebd., S.156)

Janoschs Gottesbild ist laissez-faire bis gleichgültig und bildet damit die Antithese zum deistisch-resignativen Gottesbild von Troy, aber auch zum naiv-theistischen Gottesbild von Felix. Diese Antithese kann methodisch in Szene gesetzt werden. Die folgende Unterrichtssequenz verfolgt die Absicht, anhand dieser drei Gottesbilder den Zusammenhang zwischen Gottesbild und Rechtfertigung eigener Lebensweisen und die Gefahren dieser Rechtfertigung zu entdecken.

Verlauf

L hängt die Umrisszeichnungen von Felix, Troy und Janosch an die Tafel: „Mit diesen dreien aus der Jungenclique wollen wir uns heute besonders beschäftigen. Wir kennen die drei schon ziemlich gut: Wählt je eine Aussage aus dem Buch, die zu einem der drei passt." In Einzel- oder Partnerarbeit werden Sprechblasen gefertigt, z.B. Felix: „Warum habe wir das jetzt gemacht?" Troy: „Das Leben ist ein großes Ins-Bett-Pissen!" Janosch: „Wir sind Helden!" usw. Anschließend hängt L die Gottesbilder von Felix und Troy über die Umrisszeichnungen:

> Die Gottesbilder von Felix und Troy kennen wir bereits. Wie sieht Janosch Gott?

Das Laissez-faire-Gottesbildes von Janosch wird mit Hilfe von S.121 („Gott ist crazy ...) bis S.122, dann S.135 („Man kann eben nie genug verrückte Dinge tun..) bis S. 135 unten und schließlich S.147 oben bis S.148 Mitte („Und er soll ihn segnen") erarbeitet.

Bündelung und *Ergebnissicherung* in einer Fischbowl-Diskussion mit den drei Jungen und ihren Gottesbildern unter Moderation von L mit unter anderem folgenden Diskussionsfragen:

- Ist das Leben schön?
- Was macht Gott, wenn ich etwas richtig/falsch mache?
- Kann Gott böse sein?
- Ist es eigentlich alles egal, was ich tue?
- Warum gibt es eigentlich Leid und Unglück in der Welt?
- Ein Jugendlicher hat nie Angst vor dem Tod.
- ...

Hausaufgabe: Auf ihrem Weg nach München begegnet die Jungenclique einem Mann mit Namen Sambraus. Was ist das für ein Typ? Werft noch einmal einen Blick in die Kap. 9–14. Macht euch einige Notizen zu Sambraus in und um die Umrisszeichnung auf Arbeitsblatt **M8**.

8. Der liebe Gott, das Lied des Lebens und der Lauf der Dinge

Didaktischer Leitgedanke

Mit dem alten Mann Sambraus tritt eine Figur in den Erzählstrang, der das Leben, das die Jungenclique sucht, bereits hinter sich zu haben scheint. Unklar bleibt dabei, ob er dadurch resigniert oder weise geworden ist. Er ist damit auch Vertreter einer Erwachsenenwelt, die ebenso wie die Jungenclique die Eindeutigkeit des Gottesbildes verloren hat: Wenn es Gott ist, der alle Fäden in den Händen hält, wo bleibt die Freiheit des Menschen? Das *Lied des Lebens,* von dem Sambraus redet, ist Chiffre für diesen Zwiespalt:

> „Das Lied des Lebens?", fragt Janosch. „Was soll das denn sein?" „Die unverkennbaren Dinge des Menschendaseins", erwidert der Alte. „Das, was man nicht verstecken kann: Trauer, Freude, Wind." [...] „Sind sie so etwas wie ein Weiser oder ein Seher?", fragt der dünne Felix. [...] „Das kommt darauf an," erwidert der Alte. „Ob man alt wird oder nicht, entscheidet der Zufall. Und ob man das Lied des Lebens singt oder nicht, entscheidet der liebe Gott. So einfach ist das." (Lebert, Crazy, S.108f)
> „Und warum macht der liebe Gott so etwas?", fragt Kugli und ballt seine Hände zu Fäusten. „Weil alles auf der Welt nach einem gewissen Schema ablaufen muss", erklärt Sambraus. „Und dieses Schema ist: Sehen, um zu sehen. Verstehen, um zu verstehen. Und laufen, um zu laufen. Als lauf, mein Junge! Lauf!" (ebd., S.146)

Die Unterrichtssequenz verfolgt die Absicht, diesen Zwiespalt im Gottesbild des Sambraus aufzudecken.

Verlauf

L hängt eine Umrisszeichnung (**M8**) neben die Jungenclique. Er schreibt SAMBRAUS hinein. Spontanphase, dann:

> An der Bushaltestelle Neuseelen trifft die Jungenclique einen Mann, Sambraus. Wir wissen schon eine Menge von ihm.

L trägt Schüleräußerungen in den Umriss ein. L sagt:

> Mit Sambraus begegnet uns noch ein weiteres Bild von Gott und dem Leben ...

L spielt zur Vertiefung und Illustration der Handlung die entsprechende Szene vom Ausbruch aus dem Internat und der Busfahrt nach München ein.

Anschließend erfolgt die Erarbeitung des Gottesbildes von Sambraus mit Lektüre von S.107 unten bis S.110 Mitte („Er ist böse.") und S. 145 unten („Selbstverständlich? ...) bis S. 146 unten. In der Besprechung kann es zunächst um eine Rekonstruktion des Lebensweges Sambraus gehen, dann um die Diskussion der Alternative: Ist Sambraus vom Leben enttäuscht oder ist Sambraus durch das Leben weise geworden?

Die Diskussion kann unterstützt oder abgeschlossen werden durch zwei Bilder: Gott als marionettenspielender König oder Der Mensch als Marionette in vielen Händen (**M7 unten**). Welches Bild passt besser zu Sambraus?

Hausaufgabe: Lesen der Kapitel 15 bis 16.

9. Was war das Ganze? Oder: Geschichten, die das Leben schreibt

Didaktischer Leitgedanke

> „Was war das Ganze?" fragt der dicke Felix. [...] „Für was war es gut? Wie könnte man es bezeichnen? Als Leben?" [...] „Ich glaube, man könnte es als eine Geschichte bezeichnen", antworte ich. „Eine Geschichte, die das Leben schreibt." [...] „Und wo befinden wir uns gerade?", möchte er wissen. „Auf dem Weg des Lebens", gebe ich zur Antwort. „Und wir bilden und finden – neue Geschichten." (Lebert, Crazy, S.168f)

Das Ende der Internatsgeschichte bleibt offen: Benni und Janosch verlassen das Internat in unterschiedliche Richtungen. Die Erlebnisse der Jungenclique bleiben Geschichten, die nur lose verbunden die Identität eines jeden einzelnen als *Crazy Quilt* ausmachen.[26] In diesem Sinne wird sich auch das Gottesbild der Spätmoderne als *crazy* erweisen, wenn es nicht gelingt, Gottesbilder der biblisch-christlichen Tradition als kritischen Impuls in *die Frage nach Gott und dem Sinn des Lebens* einzubinden.

Die Unterrichtssequenz verfolgt die Absicht, diesen offenen Ausgang der Erzählung zu reflektieren, einzuordnen und zu bewerten. Es wird einer weiteren Unterrichtseinheit vorbehalten sein, die in der Auseinandersetzung mit dem Buch *Crazy* gewonnenen Einsichten und Erkenntnisse mit den Gottesbildern der biblisch-christlichen Tradition in eine hermeneutische Reflexion zu bringen.

Verlauf

Mit dem Satz an der Tafel: „Was war das Ganze?", einer sich anschließenden Spontanphase und der Lektüre von S.168 Mitte bis S.169 unten wird die Bündelungsphase eingeleitet. Dazu wird illustrierend und vertiefend die Abschiedsszene aus dem Film eingespielt.

Für die Reflexion, Einordnung und Bewertung des Buches und des Films ergeben sich verschiedene methodische Instrumentarien, die wahlweise in unterschiedlichen Sozialformen einsetzt werden können:

- Rezensionen für die Schulzeitung schreiben.
- Aus der Sicht einer Romanfigur die Internatsgeschichte beschreiben: „Was war das Ganze?" Dazu die Informationen aus den Umrisszeichnungen verwenden.
- Alternativ fiktive Interviews mit den Romanfiguren aufzeichnen.
- Für eine der Romanfiguren eine Fortsetzung des Lebensweges schreiben: „Und dann ..."
- Benni und Janosch treffen sich nach zwei Jahren wieder. Einen Dialog verfassen, ein Rollenspiel gestalten oder einen Film darüber drehen.
- Eine Podiumsdiskussion führen, in der Schülerinnen und Schüler die Figuren des Romans repräsentieren.
- Das Interview mit Benjamin Lebert und Julia Hummer, die eine Rolle im Film Crazy spielte, besprechen: http://www.chrismon.de/705.php. Was sagen die beiden dort über das Thema Gott und Angst?
- Kontakt mit dem Autor Benjamin Lebert aufnehmen und mit ihm offene Fragen zur Geschichte besprechen oder die Frage stellen: „Und dein Bild von Gott, Benjamin Lebert?" (Internetadresse: www.benjamin-lebert.de)
- Den Film Crazy noch einmal ganz anschauen und kritisch sichten unter Fragestellung: „Was ist wirklich von der Story und den steilen Sätzen von Gott und dem Leben geblieben?"

26 Mit einem *Crazy Quilt*, einem Schottenrock mit überraschendem, oft wilden Muster gegenüber geordneten und voraussehbaren Mustern vergleicht Heiner Keupp das Identitätskonzept der Spätmoderne: „Zu bedauern ist deshalb auch nicht der Verlust von Identität schlechthin, sondern allenfalls jener Typus, der sich entsprechend dem klassischen Quilt über seine Geordnetheit und Voraussehbarkeit definiert. Wir haben es nicht mit ‚Zerfall' oder ‚Verlust der Mitte' zu tun, sondern eher mit einem Zugewinn kreativer Lebensmöglichkeiten, denn eine innere Kohärenz ist der Patchworkidentität keineswegs abhanden gekommen" (Keupp, Heiner, Diskursarena Identität: Lernprozesse in der Identitätsforschung. In: Keupp, Heiner/ Höfer Renate (Hg.): Identitätsarbeit heute – Klassische und aktuelle Perspektiven der Identitätsforschung, Frankfurt/M.: Suhrkamp Verlag, 1997, S.17f)

Die Jungenclique von Schloss Neuseelen

M1

Janosch

Florian

Troy

Benni

Der dünne Felix

Der dicke Felix

Lies im Buch *Crazy* die Seiten 15–37. Ergänze in Stichworten neben den Bildern, was du dort über die Mitglieder der Jungenclique erfährst.

M2 Das Jugendalter

Ich muss mich auf das berufliche Leben vorbereiten. Alles, was ich mache, dient zur Vorbereitung darauf.

Ich muss meinen eigenen Körper akzeptieren, so wie er nun einmal ist…

Ich muss lernen, mich wie ein Mann/eine Frau zu benehmen.

Ich mache Erfahrungen mit Gleichaltrigen. Ich frage mich: „Was ist der Sinn des Lebens?"

Ich muss meinen Körper effektiv einsetzen – beim Sport, in der Freizeit. Gutes Aussehen ist wichtig!

Wichtig ist, was die anderen, meine Freunde, von mir halten. Was die Erwachsenen über mich sagen, ist unwichtig.

Ich plane meine Zukunft.

Ich muss wissen, wie ich als verantwortlicher Mensch in unserer Gesellschaft leben soll.

Ich lerne, mich als Mann/Frau zu fühlen. Bin ich eigentlich hetero oder homo?

Die Meinung meiner Eltern wird mir immer unwichtiger. Wichtig ist, was meine Freunde und Freundinnen denken.

Jetzt wird es langsam Zeit für eine Freundin/einen Freund.

Ein schönes Gottes-Bild

M3

© H. Hanisch

M4 Leben heißt ...

Stimmt die Aussage von Janosch? Formuliere eine Antwort an Janosch:

Mädchen und „Helden"

M5

Kaum zu glauben, wie schnell man begeistert ist. Man braucht nur einen Hintern zu sehen. Janosch sagt, so wäre die Jugend eben. Mädchen sind geil. Aus. Basta.

„Ich würde jetzt gerne mit Victoria von den Spice Girls ficken," sagt Janosch. Er deutet mit dem Finger auf ein Foto der Popband im Playboy. „Die hat tolle Brüste …"

Janosch meint, so seien die Frauen eben. Die würden immer ein Kondom auftreiben. Damit sie auch ja sofort ficken können.

Wir wissen *alle* von nichts. Darum sind wir ja Helden. Helden wissen immer von nichts. Und als Helden dürfen wir alles machen.

Ich bin mir nicht einmal sicher, ob sie eigentlich etwas von ihrer Tat mitbekommen hat. Vielleicht macht sie so etwas öfter. Egal, was es für Folgen hat. Vielleicht will sie einfach…

Schreibt Janosch bzw. Benni einen Brief, in dem ihr zu den Äußerungen und Gedanken der beiden Stellung nehmt.

M6 Gestern Abend ...

Gestern Abend...

Am nächsten Tag berichtet Marie ihrer Freundin Marlen vom Zusammensein mit Benni. Schreibe auf, wie Marie davon erzählt und was ihr Marlen antwortet.

Platz frei?

Gott: So…

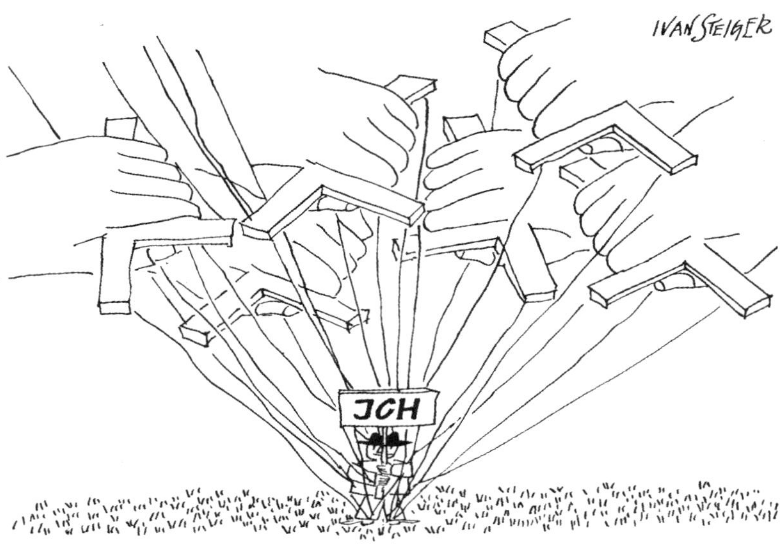

M8 Was für ein Mann ist das?

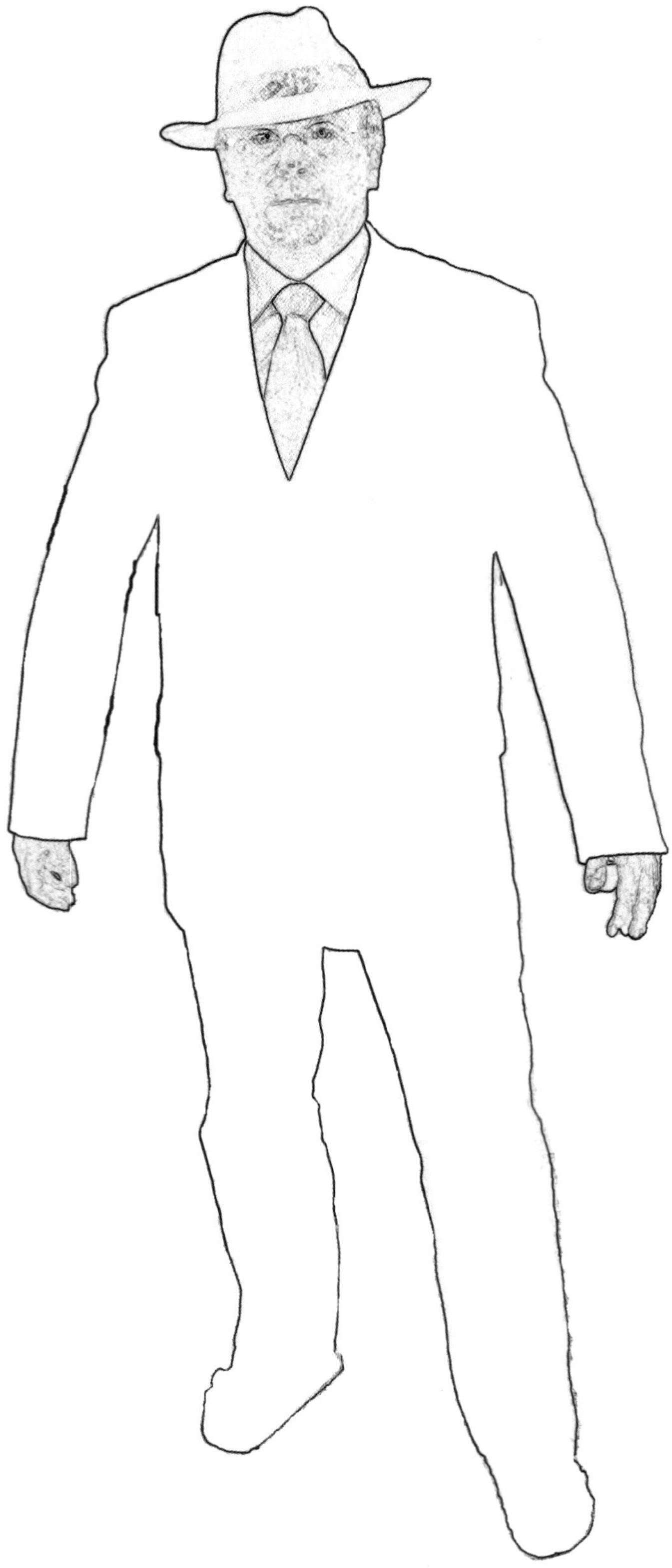